海龟交易
核心法则

[美] 柯蒂斯·费思（Curtis M. Faith） 著

于佳蓉 译

INSIDE THE MIND
OF THE TURTLES

HOW THE WORLD'S BEST TRADERS MASTER RISK

图书在版编目（CIP）数据

海龟交易核心法则 /（美）柯蒂斯·费思著；于佳
蓉译. -- 北京：中信出版社，2022.1（2025.5重印）
书名原文：INSIDE THE MIND OF THE TURTLES: How the World's Best Traders Master Risk
ISBN 978-7-5217-3807-0

Ⅰ.①海… Ⅱ.①柯… ②于… Ⅲ.①金融投资－基本知识 Ⅳ.① F830.59

中国版本图书馆 CIP 数据核字 (2021) 第 257355 号

Curtis M. Faith
Inside the Mind of the Turtles: How the World's Best Traders Master Risk
ISBN 0-07-160243-3
Copyright © 2009 by McGraw-Hill Education.
ALL RIGHTS RESERVED
No part of this publication may be reproduced or transmitted in any form or by any means, electronic or mechanical, including without limitation photocopying, recording, taping, or any database, information or retrieval system, without the prior written permission of the publisher.

This authorized Chinese translation edition is jointly published by McGraw-Hill Education and CITIC Press Corporation. This edition is authorized for sale in the People's Republic of China only, excluding Hong Kong, Macao SAR and Taiwan.
Translationg Copyright © 2021 by The McGraw-Hill Education and CITIC Press Corporation.

版权所有。未经出版人事先书面许可，对本出版物的任何部分不得以任何方式或途径复制传播，包括但不限于复印、录制、录音、或任何数据库、信息或可检索的系统。
本授权中文简体翻译版由麦格劳-希尔教育出版公司和中信出版社合作出版。
此版本经授权仅限在中华人民共和国境内（不包括香港特别行政区、澳门特别行政区和台湾）销售。
翻译版权 © 2021 由麦格劳-希尔教育出版公司和中信出版社所有。
本书封面贴有 McGraw-Hill Education 公司防伪标签，无标签者不得销售。

海龟交易核心法则

著者：　　　［美］柯蒂斯·费思
译者：　　　于佳蓉
出版发行：中信出版集团股份有限公司
　　　　　　（北京市朝阳区惠新东街甲 4 号富盛大厦 2 座　邮编　100029）
承印者：　　嘉业印刷（天津）有限公司

开本：787mm×1092mm 1/16　　　印张：14.75　　字数：185 千字
版次：2022 年 1 月第 1 版　　　　　印次：2025 年 5 月第 3 次印刷
京权图字：01-2021-3636　　　　　　书号：ISBN 978-7-5217-3807-0
定价：69.00 元

版权所有·侵权必究
如有印刷、装订问题，本公司负责调换。
服务热线：400-600-8099
投稿邮箱：author@citicpub.com

目录

第一部分　有关风险的心理博弈

第 1 章　生死两难的抉择　/ 003
在不确定的情况下做出的决定　/ 011

第 2 章　风险，是敌是友？　/ 013
拥抱风险　/ 022

第 3 章　不确定性　/ 023

第 4 章　风险管理七大法则　/ 032
克服恐惧　/ 037
保持灵活　/ 038
承担合理的风险　/ 039
做好犯错的准备　/ 040
关注现实　/ 041
快速、果断地应对变化　/ 042
专注于决策的过程，而非结果　/ 043

第 5 章　海龟的风险管理之道　/ 045

克服恐惧　/ 049

保持灵活　/ 050

承担合理的风险　/ 051

做好犯错的准备　/ 053

关注现实　/ 054

快速、果断地应对变化　/ 056

专注于决策的过程，而非结果　/ 057

第 6 章　向急诊室医生学习　/ 059

医生、律师及交易者　/ 061

克服恐惧　/ 062

保持灵活　/ 064

承担合理的风险　/ 065

做好犯错的准备　/ 066

关注现实　/ 067

快速、果断地应对变化　/ 068

专注于决策的过程，而非结果　/ 070

第 7 章　恐惧——思维的杀手　/ 073

直面恐惧　/ 077

恐惧心理　/ 080

缩小恐惧范围　/ 083

减少新奇焦虑　/ 084

缓解非理性焦虑　/ 085

应对不确定性引起的恐惧　/ 087

　　　　　　　思维杀手　　 / 089

第 8 章　　**适者生存**　　/ 091
　　　　　　灵活性驱动创新　　/ 092
　　　　　　通用汽车公司与福特汽车公司的故事　　/ 092
　　　　　　保持灵活　　/ 095
　　　　　　试验　　/ 096
　　　　　　差异化　　/ 098
　　　　　　适应　　/ 099
　　　　　　有机组织　　/ 100
　　　　　　适者生存　　/ 101

第 9 章　　**正确地冒险**　　/ 104
　　　　　　承担合理的风险　　/ 108
　　　　　　平衡风险　　/ 111
　　　　　　交易者风险管理　　/ 113
　　　　　　意想不到的灾难　　/ 115
　　　　　　真实世界的安全　　/ 117
　　　　　　无法躲避的风险　　/ 118
　　　　　　风险是个人的　　/ 120

第 10 章　　**错误的决策并不可怕**　　/ 122
　　　　　　渔网与鱼钩　　/ 131
　　　　　　坦然面对未知　　/ 134

第 11 章　眼见为实　/ 136
与模糊的现实打交道　/ 137
关注现实　/ 139
迫降　/ 140
经验丰富的法务团队　/ 146

第 12 章　及时反应　/ 153
当时间很重要时　/ 154
北欧化工公司的自我毁灭　/ 155
伊卡洛斯再次陨落　/ 158

第 13 章　正确地犯错　/ 166
将坏决策从坏结果中抽离　/ 167
学习正确的经验教训　/ 169
交易大师　/ 170
结果偏差对医生的影响　/ 173
不偏不倚　/ 176

第二部分　风险管理法则的实际意义

第 14 章　阅读、写作、从众　/ 181
现代化的学校　/ 184
大学带来的麻烦　/ 185
自下而上的研究　/ 188

第 15 章　　一起冒险　　/ 193
　　　　　　扭曲的真相　/ 194
　　　　　　死板僵硬　/ 195
　　　　　　重塑企业　/ 197
　　　　　　重塑政府　/ 201
　　　　　　关键挑战　/ 202
　　　　　　不让一个孩子掉队　/ 203
　　　　　　一个更好的法案　/ 205
　　　　　　联邦所扮演的角色　/ 206

第 16 章　　跳离飞机　/ 209
　　　　　　现实生活中的风险　/ 210
　　　　　　华尔街启示录　/ 212
　　　　　　克服恐惧　/ 213
　　　　　　保持灵活　/ 215
　　　　　　专注于决策的过程，而非结果　/ 217
　　　　　　在冒险中培养自信　/ 217

后　记　　追求更大的梦想　　/ 219
尾　声　　/ 227

第一部分

有关风险的心理博弈

1

生死两难的抉择

> 不要在怀疑和恐惧中浪费生命。你要努力使自己投入眼前的工作，并确保自己可以履行这一小时的工作职责。努力履行工作职责是你为未来岁月做的最好的准备工作。
>
> ——拉尔夫·沃尔多·爱默生

我在 23 岁那年第一次真正面对需要做出生死抉择的时刻。当时，我朋友阿尔伯特的性命危在旦夕。阿尔伯特大约比我年长 15 岁，他不仅是一位丈夫，也是两个孩子的父亲。在那一瞬间，我知道我只有几秒钟的时间来帮他，如果不成功我就可能会后悔一辈子。阿尔伯特和我驾驶的是一艘诺卡拉双体帆船，帆船的两侧各有一个 5.8 米长的窄型白色浮筒。我落水后奋力从水里游出来并站在其中一个白色浮筒上，当时我自己已经没有什么危险了。

但是，阿尔伯特错过了抓住帆船的机会，并且已经被帆船甩出去了二三十英尺[1]的距离。帆船上面有个弹簧垫，我们平时坐在这个弹簧垫上面。但是，由于当时的风力太大，这个弹簧垫也起到了船帆的作用，使帆船加速漂移。帆船漂移的速度超过了阿尔伯特游泳的速度，这使得他没有办法上船。我跟随帆船不断向前漂移，而阿尔伯特却离船越来越远了。

我们距离最近的海岸有 3 英里[2]远，当时距离日落大约还有两个小时。事发当天是 7 月中旬，虽然阳光明媚且气温高达 80 华氏度（约 26.7 摄氏度），但水温却很低。在夏天，海水的表面温度会随着气温的升高而升高，但在海水表面下方四五英尺的地方，水温却只有 45 华氏度（约 7.2 摄氏度）。巨大的海浪翻腾着，使表面的海水与深层的海水混在一起，温度随之下降。如果继续泡在海水里，那么在这种温度下，我知道阿尔伯特今晚是活不下去的。

约半小时之前，我们离开位于内华达州水晶湾的码头，在这样一个有风的日子里启航了。海面上到处都是白浪，这种情况往往有利于航行。我喜欢这种白浪。我们出发的码头位于南部半岛，而大风正好在南部半岛的上空盘旋，半岛将水晶湾与北部太浩湖的大部分区域分隔开了。加上当时的盛行风从东南方向吹来，因此半岛不仅阻挡了大风与海浪，还隐藏了这次反常的夏季风暴带来的危险。

1　1 英尺 =30.48 厘米。——编者注
2　1 英里 ≈1.61 千米。——编者注

我们驾驶帆船驶离码头两三分钟之后，我发现，这些风和海浪与我以前见过的明显不同。我们的双体帆船有两根吊索，这两根吊索和安全带都系在我们腰上，它们可以让我们的身体在水面上移动，以对抗风力。当风非常大的时候，我们会将双脚放在船身的一侧来增加重量，这可以让帆船的双船体保持直立状态。阿尔伯特和我都是大块头，所以让这艘诺卡拉双体帆船保持直立状态对我们来说不是什么难事。

但是，这一天与往常不同。海浪很大，很容易就可以冲到 12～15 英尺。只有当海浪冲上浪峰时，我们才能看见海岸，而一旦海浪落到浪谷，我们就只能看见眼前的船和海浪。这种情况在开阔的海洋上并不罕见，但我从未在太浩湖上见过这种情况，毕竟太浩湖从南到北只有 27 英里。为了减弱主帆的动力，我尽可能地将主帆向远处伸展，但我们航行的速度依然比我预想的要快得多。我们撞击海浪的速度太快了，力度也很大，而且我们的重心太靠前了，所以在掠过一排排涌浪的浪峰时，我们的速度会达到每小时 25 英里，然后与迎面而来的涌浪相撞。

在正常情况下，帆船浮筒的顶部会漂浮在水面上。但是，现在浮筒的顶部正在沉入水中。当它们撞到下一拨陡峭的海浪时，我们的速度会突然降下来。除非能重新分配重量，否则我们会面临船体倾翻的危险。海浪太高了，以至我不认为我们可以安全地掉转船头并驶回码头。因此，我决定直接穿过水晶湾驶向沙港。如果我们沿对角线与海浪相撞，那么我们也许可以更容易地对付这些海浪。

阿尔伯特的重心依然太靠前了,这使得浮筒更容易沉入水里。在一次突然的减速中,船尾升高了三四英尺,我警告他:"阿尔伯特,你需要向后退。如果我们不能重新分配重量,我们的帆船就会翻掉。"听了这句话,他害怕到不敢动弹。我不能责怪他,因为这是他第一次乘坐双体帆船,而且当时的状况非常紧急。虽然我有很多年的航行经验,但是当时我也很害怕,只能试着想象他在想些什么。我不应该把一个新手带出来。换句话说,我太自不量力了,这是我的错。

我们在水晶湾航行到大约一半的时候,船终于可以转向了。当船撞向海浪时,我身体的惯性使得我继续移动,当船停下来时,阿尔伯特和我却没能停下来:我猛地撞上了我前面的阿尔伯特,他被从船上撞了下去。我们俩都被甩进了海里,而此时我们俩都还与绳索相连。当我浮出水面的时候,我看到阿尔伯特就在倾覆的船旁边,我向他游去。

紧接着,几秒内,风猛烈地吹着上下颠倒的弹簧垫顶部,并把船吹向一侧。我找到了铝制桅杆,同时也惊讶地发现,它正在快速地移动,以至我湿漉漉的手没有办法抓住光滑的桅杆表面。我又尝试了一次。我发现船移动的速度太快了,以至我快爬到38英尺高的桅杆的一半了。在船完全甩开我之前,我知道我只剩几秒钟的时间了。当我接近桅杆末端时,我伸手去抓帆船的边缘,希望能够牢牢抓住帆船边缘的粗糙织物。成功了!我爬到了帆船上并朝着浮筒的方向走去。我期待能在浮筒上看到阿尔伯特,因为他离帆船比我更近一些。

但是，他不在那里。

我转过身，感到很沮丧。此时，阿尔伯特已经被落在距离桅杆末端五六英尺远的地方了。我没有什么办法能够接近他，虽然他的绳索依然连在船上，但是阿尔伯特已经离船太远了。时间每增加一秒钟，阿尔伯特离船的距离就会增加一点儿。当我想起我还有一件事情没有告诉我的朋友阿尔伯特时，一切都太晚了。

"与船在一起"是航行的基本规则，"永远与你的船在一起"。当遇到危险时，你可以爬到船的顶部，以避免待在寒冷的水中耗尽体力。比起泡在水中或迷失在浪涛里，爬到船的顶部可以让试图进行营救的人更容易看到你。我将一块五英尺长的活动板从静止的船身中拉出来，然后尽最大努力将它扔向阿尔伯特。我想他可以借助这块活动板来漂浮在水面上。如果他能尽可能地让自己的身体离开冷水，他就可以生存得更久。紧接着，我又拉出来一块活动板，并将它扔向阿尔伯特。

狂风卷起白浪，将我吹得离阿尔伯特更远，我想尽了办法。我可以选择和他待在一起，但是如果我这样做的话，大约两三个小时之后，我们就会在距离岸边几英里处的地方孤零零地漂着。当这艘船抵达岸边时，没有人会知道我们在哪里。任何看到这艘船的人都有理由认为，它只是从系泊船上掉了下来并漂过了湖面。所以，如果我选择和阿尔伯特待在一起，那么我们很可能都会在夜里被冻死。

但是，如果我选择留在船上呢？我们的这艘帆船是一艘双人船。因为我曾经将它弄翻过很多次，所以我知道应该如何将它从水里拉出来。在正常情况下，我们两人要想合力将帆船和桅杆从水里拉出来是相当容易的。

当只有我一个人处在巨浪中时，这一切就会变得很困难，我怀疑我很难仅依靠自己就让它直立起来。但是，我可以选择待在船上，试着把船的航向调整过来，然后驶向岸边寻求帮助。即使我不能让这艘船正常航行，它漂向海滩的速度也会比我们两个人中的任何一个人游泳的速度快。我知道阿尔伯特的性命取决于我是否采取果断行动。

回想起来，我也做了一些正确的事情。在我们离开码头之前，我让阿尔伯特穿上了一件短的潜水衣和一件滑水式救生衣。当他漂浮在水面上时，如果他没有穿潜水衣与救生衣，那么他可能会遇到很多困难。这些潜水衣与救生衣可以让他更易于漂浮在水面，并且为他保存热量，这些热量可以让他在体温变得过低之前再撑一两个小时。我们还剩一点儿时间，然而天快黑了。

你可能认为继续待在船上是一个容易做出的决定，因为尝试寻求帮助并不会让我自己陷入危险。我只能告诉你，我真的不想离开阿尔伯特。当我看到他在水面上越漂越远时，我感到很难过，我想和他在一起。当他慢慢地漂走时，我在不知不觉中有了一个可怕的想法，那就是我可能再也见不到活着的他了。

在他离开我的视线之后，我试图把船调正。我知道，阿尔伯特最希望我能驾驶着这艘船顺利抵达岸边。我可能会被风很快吹到岸上，然后知道自己是安全的。但如果是最坏的情况，我可能会在三四个小时之后被风吹到斜坡村相对平坦的沙滩上。但是，阿尔伯特并没有三四个小时的时间。日落后，如果他还待在水里，就意味着几乎没有人能够在夜里找到他。在如此寒冷的水里，他是活不到明天早晨的。

在正常情况下，单凭一个人是无法将被水浸湿的船拉起来的。所以，我原本以为要让船直立起来会是一件非常困难的事情。过去我都是在有帮手的情况下将船扶正的。然而，当我第一次尝试着将船扶正时，它竟然轻松地浮出了水面，这让我感到相当惊讶。在大浪的帮助下，帆船的顶部逐渐浮出了水面。在大风的帮助下，已经浮出水面的帆船顶部又可以让整个帆船继续向上浮起。

然而，这又引发了另外一个问题。当我尝试将帆船竖起时，它几乎立刻就翻过去了。这导致我不得不绕着船游来游去，同时还要小心翼翼地抓住船，并努力把船扶正。四次失败的尝试后，我决定先把主帆的绳索拆下来，因为这个绳索连接着控制帆船动力的大主帆。这样做的好处是可以降低帆船倾覆的可能性。当我第五次尝试的时候，帆船终于竖起来了。虽然主帆的绳索被拆下来了，但是帆船仍然有很大的动力，移动得非常快。

现在，我面临第二个重要的决定：我是应该独自一人回去寻找阿尔伯特，还是应该直接将船驶向岸边去寻求帮助呢？驾驶这艘船本该两只手操作，但是我却只用了一只手；而且，当时的航行条件是我在太浩湖上遇到过的最糟糕的情况。白浪翻腾，以至当阿尔伯特距离我 150 英尺远时，我几乎看不到他了。因此，我认为我可能很难靠驾驶这艘船找到他。以我当时所在的位置为中心点，当我望向三个不同方向的陆地时，我发现它们距离我的位置都只有两英里。这意味着没有标志物能让我重新回到这里。所以，我决定直接去寻求帮助。我选择顺风航行，因为这是最快最容易的一种航行方式，到达岸边后我可以找到人们居住的地方，并向他们求助。

在距离太浩湖大约6英里的地方有一个海岸警卫队，那里有一架救援飞机，这架救援飞机可以引导救援人员快速找到阿尔伯特。如果我能及时到达岸边寻求帮助，那么阿尔伯特获救的可能性会非常大。在我航行到距离岸边大约3/4英里的地方时，我每隔5分钟左右就会翻一次船。位于帆船前方的悬臂被大风吹倒了，此时帆船的主帆也开始破裂。在大约四次倾覆之后，主帆被彻底毁坏，我再也不能将船拉直扶正了。虽然我离岸边的距离仍然很远，但是帆船在大风的作用下移动得很快，并将我不断带向岸边。此时，帆船移动的速度比我游泳的速度快得多，我能做的就是耐心等待。

大约三四十分钟后，当我离岸边足够近时，岸上的一位居民注意到了我的船。她在岸上听到了我的呼救，我告诉她我的朋友此时还在水里，请她给海岸警卫队打电话。我向她描述了阿尔伯特大致的位置，她马上帮我打了电话。（我后来才知道，这位好心帮助我的人叫多萝西·布里奇斯，她是演员劳埃德·布里奇斯的妻子，也是演员博·布里奇斯与杰夫·布里奇斯的母亲。）上岸后，我给阿尔伯特的妻子打了电话，并告诉她阿尔伯特还在水里，海岸警卫队的人正在去营救他的路上。听到这个消息后，她非常难过。

当看到海岸警卫队的飞机从头顶飞过时，我们这些一直在岸上等待的人都满怀希望。不久后，我们在电话里听说有人发现了阿尔伯特。海岸警卫队的人在空中看到了我之前扔给阿尔伯特的白色活动板。过了一会儿，我们收到消息，说阿尔伯特已经在救援船上了，他们正在返回的路上。我们欢呼痛哭！阿尔伯特仍然处于危险之中，他正在经受严重低温症的考验，随时有可能死于心脏骤停。他的体温降到了 80 华氏度（约 26.7 摄氏度），几个小时之内无法确定能否脱离危险。

幸运的是，阿尔伯特活了下来。我们俩都不会忘记那一天。

在不确定的情况下做出的决定

那天我做出的两个决定影响了阿尔伯特生还的可能性。第一，我是与阿尔伯特待在一起，还是与船在一起？第二，我是驾驶帆船去寻找阿尔伯特，还是直接去岸边寻求帮助？当我做出决定的时候，我并不知道它们会带来什么样的结果。如果当时我决定继续留在阿尔伯特身边，那么我们可能会活下来，也可能会死亡。如果当时我决定驾驶帆船去寻找阿尔伯特，那么我可能很快就找到他；但是，我也可能找不到他。在寻找他的过程中，我可能会失去宝贵的几分钟或者几小时，而他可能因为没有及时得到救助而死掉。即便当时我做了我可以做的所有事情，他也有可能会死掉。

这些决定中的任意一个都伴随相当大的风险。同时，这些决定可能带来的后果也是极其严重的。我每次做决定时，都会选择一条我认为最有可能让阿尔伯特成功获救的路线。我没有犹豫不决，即使我知道他很可能会死。我始终相信是我接受的海龟交易训练让我在那天救了阿尔伯特。在海龟计划期间，我接受的训练就是如何在不确定的情况下做出决定。有时，你做的决定是"正确的"，事情的结果却可能很糟糕；有时，你做的决定是"错误的"，事情的结果却可能很好。

通常人类并不是特别擅长做出决定。实际上，当我们面对不确定的情况时，我们往往会持续地做出一些错误决定。在本书中，我将概述自己在海龟交易训练中，以及后来作为一名企业家时学到的许多关于风险与不确定性的经验教训。这些经验教训同样适用于个人生活、公司，以及政府的决策过程。事实上，随着年龄的增长，我对这个世界的了解也在增多。与此同时，我也越来越清楚，我们是无法在集体和社会的层面以理性的方式来应对不确定性的，这也是造成浪费、延误，以及资源分配不当的主要原因之一。在接下来的两章中，我将向大家详细地解释我所说的风险和不确定性。

2

风险，是敌是友？

> 不要害怕去冒险，有风险的地方也是果实所在的地方。
> ——小杰克逊·布朗

想象一下这个场景：在撒哈拉以南的非洲有两个国家，一个名为纳米比亚，另一个名为安哥拉。这两个国家的交界处有一条河流，名为库内纳河。假如某天晚上你在库内纳河岸边露营，你搭了一个轻便的帐篷。此时，营地里一片漆黑，所有向导都睡着了，你可以听到远处鸟儿抖动翅膀的扑棱声。突然，一根大树枝啪的一声折断了。你睁开双眼，完全清醒了过来。你想知道是什么东西在离你帐篷这么近的地方移动，它是你在旅途中看见过好几次的狮群中的一只吗？

它可能是狮子，但也可能不是。树枝折断这件事刺激了你的交感神经系统并让你释放出肾上腺素。当你的肾上腺素发挥作用时，你需要确保自己处于警觉状态并且已经准备好随时采取行动。

你很快就睡不着了。

我们中的大多数人都害怕风险，因为我们常常将风险与未知的危险联系在一起。当听到一些意想不到的事情时，我们的交感神经系统会受到刺激。同理，当我们在矮树丛中醒来时，我们的交感神经系统也会受到刺激，并让我们产生一种感性且本能的反应。这种未知的危险曾经意味着人可能会面临死亡的风险，或者会给人造成终身痛苦的事情。现在人们对风险感到恐惧也是出于同样的原因。当那些还没有被命名的危险出现时，会触发一种复杂的生物机制。人们在面对新的未知领域或处在混乱时期时，这种复杂的生物机制会变得更加明显。在原始时代，这些生物机制和不确定性引起的心理反应对人们是有帮助的。但是，到了现代，这些生物机制与心理反应反而会阻碍人们的发展。为了选择一条安全的路线，人们有时会不惜一切代价规避风险。无论是在教育、职业，还是在个人决策方面，人们都会尽力避开高风险的路线而选择保守的路线。

然而，很多人发现，即使他们已经选择了安全且保守的生活方式，他们也经常会遇到意想不到的情况，而这些情况表现出来的危险正是他们想要努力规避的。你无法避免风险，你也无法准确地预测每笔投资、每项业务以及每次个人决策的结果。没有人能够做出百分之百准确的预测，即使那些金融专家和经济学家也不例外。关于经济学家，我有一些非常喜欢的名言警句，我之所以喜欢这些名言警句，是因为它们强调了经济学家也无法做出准确预测。例如：

经济学家是明天就会知道为什么昨天预测的事情今天没有发生的专家。

——劳伦斯·J. 彼得

经济学家的猜测可能与其他任何人的猜测一样好。

——威尔·罗杰斯

当你向五个经济学家咨询时，你会得到五个不同的答案。如果他们中的一个读过哈佛大学，那么你会得到六个不同的答案。

——埃德加·R. 菲德勒

如果所谓的专家都不能在金融与经济领域对未来做出可靠的预测，那么我们这些普通人又该如何应对不确定性呢？人们在需要做出正确决定时，除了需要面对不确定性的挑战，还需要面对如何做出正确决定这件事本身。在这个过程中，人们表现得好像只有一种正确的方法可供选择一样。

实际上，在复杂的系统中，任何事情都没有唯一的正确答案。有时，你能做的最好的选择就是进行有根据的猜测，即使这种猜测可能会导致一个不太好的结果。现在，让我们来看看风险的确切含义。

风险被定义为"不确定性所产生后果的敞口程度"，这个定义表明风险由三个独立的部分组成：

1. 不确定性：未知的或者不可预测的事件或环境。
2. 后果：在市场环境、商业环境或者社会环境中所产生变化的结果。

3. 敞口：在金融或者社会活动中存在风险的部分以及受风险影响的程度。

让我们进一步分析一下这些概念。根据定义，我们可以知道，虽然"风险"是指"不确定性所产生后果的敞口程度"，但是风险只有在其存在的时候才会被视为风险。举例来说，当股价下跌时，如果你在股票市场中没有投入资金，那么你就不需要面对与股价下跌相关的风险敞口。当然，如果股价出现大幅下跌的情况并且影响了经济的其他方面，那么你就需要面对风险敞口了。再举一个例子，当某个国家出现经济崩溃时，如果你不是生活在那个国家或者你在那里没有任何投资，那么这个国家经济崩溃导致的风险敞口就不会影响到你。当然，如果这个国家的经济崩溃程度非常严重，或者这个国家具有非常重要的国际地位，那么该国的经济问题可能会扩散到你有投资的地方，此时你就需要面对风险敞口了。

不确定性会引发风险。如果我们知道如何可靠地判断未来的发展趋势，那么我们就可以在已知风险的前提下决定是否承担该风险。如果结果是可预测的或确定的，那么就不会存在风险了。

然而，在某些情况下，我们并没有掌握足够的信息以做出"正确"的决定。当我们在对未来的事件进行预测时，无论做了多少研究，我们都会面对很多复杂的因素。我们无法准确预测一周以后的天气、经济的波动情况、石油的价格、美元与房地产市场的发展趋势，也无法准确预测两个月后的标准普尔 500 指数。

这说明，存在两种类型的不确定性：

1. **信息的不确定性**：由于信息缺乏而导致的不确定性。
2. **混乱的不确定性**：由于事情过于复杂而导致的不确定性。

第一种不确定性来自实际条件的限制。为了减少不确定性，我们可能会花费很多时间或金钱在调查研究方面。例如，在特定市场中，某种产品在上市初期的市场表现可能是未知的。但是，在做完市场调查后，你就可以减少甚至消除这种不确定性。例如，如果你想了解市场对某一产品定价的接受程度，那么你可以利用有限的样本进行市场接受度测试。测试结果将会验证你之前的假设情况，进而有效地减少产品发布过程中可能会遇到的不确定性风险。如果你没有进行市场测试所必需的时间或资源，那么与决策相关的信息的不确定性将继续存在。

相较而言，混乱的不确定性则是不能通过研究、学习或者调查来消除的。你不可能提前几个月就知道一场暴风雨或一次病虫灾害会毁掉葡萄园里的葡萄，导致你无法生产葡萄酒；你也不可能提前几个月就知道一场飓风会毁掉美国的新奥尔良市。在混乱的不确定性存在的情况下，多个变量可以以多种方式组合，这种组合的准确度也会影响对未来进行预测的结果。

这意味着有些不确定性是可以避免的，但它们并不能代表全部。在做大多数决策的过程中，我们无法消除与这些决策相关的所有不确定性。

不确定性会导致一些后果。具体来说，不确定性会改变金融资产或投资的价值，如导致黄金价格上涨或下跌；不确定性也会导致房地产市场的价格出现波动，比如，当洪水摧毁房屋时，经济环境恶化等不确定性因素也会导致一些后果。

前面的例子可能会导致你经历不同程度的经济困难，你可能还会面对其他类型的后果，造成这些后果的主要原因可能与财务无关。举个例子，假如你为了成为一名律师努力了7年，但你在毕业后发现自己实际上并不喜欢从事法律工作，那么这意味着你浪费了很多精力。假如你是一家电子公司的产品经理，如果没有人喜欢你们公司生产的产品，那么你的绩效可能就不够好，你可能会因此被降职，失去升职的机会，甚至被公司开除。

在一个充满不确定性的世界里，后果是既定的。你永远无法准确预测未来将会发生什么。你只能做出能力范围内最好的推测，即使这种推测有时是错误的。当这些后果出现时，你不应将它们视为坏事，而要将它们视为不可避免的现实。毕竟，这就是现实。

敞口可以被定义为"在金融或者社会活动中存在风险的部分以及受风险影响的程度"。如果你在一家企业中并不持有任何股份，那么你也不需要承受该企业固有的风险。在大多数情况下，敞口是根据你赚钱或亏钱的可能性来衡量的。如果你以20万美元的价格购买了一栋房子，那么你可能需要面对一些风险敞口，如当地房地产市场的价格波动、火灾、洪水、地震，以及任何其他类型的自然灾害。如果你以每股200美元的价格购买了1 000股美国苹果公司的股票，那么你需要面对股票价格波动的风险敞口。你在金融领域的参与程度决定了你暴露于风险敞口的程度。在前面的两个例子中，你所承担的财务风险总额为20万美元。

虽然很多人认为不确定性与风险是造成风险敞口的直接原

因，但他们也认为自己是无法控制这些风险敞口的，即便如此，他们还是有办法扩大或缩小风险敞口。通常，虽然这些后果对个人来说是不可避免的，但是扩大或缩小部分或全部风险敞口是可以的。例如，虽然你无法阻止股市价格下跌，但是你可以卖出股票，这样股市价格下跌就不会影响到你了。

或者，让我们以房产持有者为例。当房产发生火灾或遇到洪水时，房产的价值会下降，房产持有者也会遭遇损失。但是，对同一个房产持有者来说，他可以通过购买一份保险来减少或避免火灾与洪水造成的损失。长期来看，人们会在房屋已经被损坏或者摧毁并造成巨大经济损失时才发现，购买保险只需要支付一笔很少的钱。此外，购买保险也是一种缩小风险敞口的简单方法。

投资者，特别是机构投资者通常将波动率与风险视为同义词。但是，这两个词肯定不是一个含义。波动率是衡量风险的必要不充分指标，换句话说，波动率是风险评估的必要组成部分，但只用它来评估风险是完全不够的。还有很多其他类型的风险没有出现在以波动率为衡量标准的指标中，其中一些主要风险包括：

a. 流动性不足风险

b. 信用风险

c. 做空波动率风险

这些风险具有一个共同的特点，即在大多数环境中，它们是良性的，但在零星的市场事件中，它们可能会产生压倒性的影响。2007年中期之后，人们可以看到很多这样的例子。这些风险在以前几乎是看不见的，但是它们却在2007年中期之后完全主导了市场和价格。对任何可能导致这些事件的风险的评估过程都是不完整的，且存在致命的缺陷。

——杰克·D. 施瓦格，财富集团董事长兼首席执行官、畅销书《市场奇才：顶级交易员的经验》作者

虽然风险敞口经常带有负面含义，但是精明的投资者知道，风险敞口也有好处。精明的投资者经常会有目的地使用杠杆来增加投资的风险敞口。他们之所以这样做，是因为在投资中增加杠杆可以提高价格波动带来的影响，某投资标的价格波动的风险敞口越大，在杠杆效应的辅助下，这个投资标的潜在的投资价值也就越大。在接下来的两个案例中，让我们思考一下期货合约和保证金账户等金融工具给投资者带来的杠杆效应。

案例一：一位女士想用4 500美元投资黄金。如果黄金的价格为每盎司[1] 900美元，那么她可以以4 500美元的价格从贵金属经纪人那里购买5盎司黄金。但是，如果她想要提高其投资的潜在收益率，那么她可以选择在美国纽约商品交易所，以4 500美元的价格购买一份100盎司的黄金期货合约。这份期货合约可以让她控制价值9万美元的黄金。同时，这份期货合约的杠杆率为20∶1，这意味着，在期货合约中，她每投资1美元就要承担20美元的风险敞口。一方面，黄金价格每上涨1美元，她就可以获

---

[1] 1盎司≈28.35克。——编者注

得20美元的回报；另一方面，黄金价格仅仅下跌5%，她就会损失全部资金，即4 500美元。期货合约允许投资者以相对较少的初始资本控制相对较多的标的资产，具有内在的杠杆作用。

案例二：一位男士想要立即从他的经纪公司那里购买尽可能多的苹果公司股票。与使用其他金融工具相比，如果他使用保证金账户购买股票，他就可以用同样的资金买到更多股票。美国政府规定，保证金比例的上限为2∶1，即在保证金账户中每存入1美元，他就可以购买最多2美元的股票。换句话说，保证金账户中的资金可以看作经纪公司向他提供的贷款，他可以用来购买额外的股票。

假设这位男士有20万美元，如果他使用保证金账户购买股票，那么他可以以每股200美元的价格购买2 000股苹果公司的股票。但是，如果他使用普通账户购买股票，那么他只能购买1 000股苹果公司的股票。通过保证金账户购买的股票数量（2 000股）是普通账户购买股票数量（1 000股）的两倍。虽然使用保证金账户可以让他买到更多苹果公司的股票，但是这也扩大了他在投资过程中的风险敞口。举例来说，使用普通账户购买股票，如果苹果公司股票的理论价格从200美元下跌至100美元，那么他将损失10万美元。但是，如果他使用保证金账户购买2 000股苹果公司的股票，假如苹果公司股票的理论价格从200美元下跌至100美元，那么他将损失20万美元，保证金账户的亏损金额是普通账户的两倍。

正如前面两个例子所展示的，杠杆是一把双刃剑。当不确定性导致的后果出现时，使用杠杆可以同时增加盈利与亏损的可能性，因为它会扩大投资的风险敞口。

拥抱风险

许多人都认为风险是不好的。在他们看来，风险是应该尽量避免的。

但我不这么认为。

我喜欢风险，我也喜欢拥抱风险。

如果你的目标是取得微小且不间断的进步，那么你是不需要冒险的。但是，如果你想向上取得较大的进步，那么你是无法避免风险的。

如果你满足于慢慢学习，那么你可以规避大部分风险。但是，如果你想要快速学习，那么你必须在鞭策自己进步的同时也承担失败的风险。

在生活的大部分时间里，虽然你可以选择不采取带有风险的措施，但是没有风险的选择并不总是最好的。事实上，正如这本书展示给你的：方法得当的话，即使是那些最厌恶风险的人也能够拥抱风险并且从风险中获利。借助本书提供的策略，你将可以通过控制、管理，以及降低风险来更加有效地处理风险问题。读完这本书，你可能会惊讶地发现，原来你愿意张开双臂、拥抱风险。

3

不确定性

> 我对不确定性一无所知，但是星光可以让我遐想。
>
> ——文森特·凡·高

不确定性是风险的潜在驱动力。在给定的情形下，如果你能够化解引发疑虑的因素，你就总是可以通过做出与你想要的结果一致的决定来消除风险敞口。你之所以可以做出最佳决策，是因为最佳决策确实存在。但是，现实中的不确定性会降低你做出单一最佳决策的可能性。

在大多数情况下，不确定性是不能被消除的。通常，人们没有足够的资源或时间去对未来可能出现的结果做出有根据的推测。但是，即使你碰巧拥有世界上所有的时间和背景信息，你也不可能做出完美的决策，因为你总会遇到意料之外的事情，比如你之前没有注意到的竞争对手，或是你之前没有预料到的复杂因素。无论你拥有多少信息，无论计算机的硬件有多么强大，无论科学水平变得多么高，无论你花多少时间研究替代方案，在未来的几天或几周内，你依然会遇到很多不可预测的事情或例外情况。

我认为，人们对风险和不确定性最大的误解，是人们仍然相信他们可以在没有风险和不确定性的情况下进行投资。黑天鹅事件、经济衰退以及熊市在历史上都是屡见不鲜的，这些事情今后也将继续发生。令人奇怪的是，当这些事情发生时，很多投资领域的专业人士和普通参与者都感到很惊讶。现在，有长达一个世纪的美国经济史可供我们所有人学习借鉴。战争、经济衰退、暗杀、熊市以及银行倒闭都不是一次性事件。在这片富饶的土地上建立一个投资组合是通向贫困的捷径。

——尼尔·甘农，

财富集团管理总监兼核心成员（甘农集团所罗门美邦旗下的一家超高净值个人资产管理公司）

正如在第2章所讨论的那样，我们通常可以将不确定性分为以下两种类型：

1. **信息的不确定性**。通常，一件事或一种情况往往会导致很多不同的结果。但是，由于你缺少足够的时间或资源去探索全部结果，因此你存在由于信息缺乏而导致的不确定性。

2. **混乱的不确定性**。通常，一件事或一种情况往往由很多未知的、相互影响的因素，或者许多独立的参与者组成。这些因素或参与者会导致系统具有复杂性，进而导致不确定的事发生。

值得注意的是，每种类型的不确定性对人的心理都有独特的影响。事实证明，人在混乱的不确定性面前做出的决定，与在信息的不确定性面前做出的决定是不同的。因此，如果你想要提高自己的能力，以应对和处理由不确定性因素引起的风险，你就必须先学会区分自己面对混乱的不确定性与信息的不确定性时的心理反应。

混乱的不确定性是一种存在于系统中的不确定性，你几乎无法控制它。在日常生活中，天气也许是人类面临的最混乱的不确定性系统。无论气象学家做什么，他们都无法在一两个星期前就准确地对洪水、飓风、干旱以及暴风雪进行预测。天气预报员甚至不能在较短的时间（如一个小时）内100%准确地预测飓风的路径，因为在飓风移动的过程中，有太多无法控制的因素同时起作用。

金融市场的运作方式也是如此。在金融市场中，不同的参与者有不同的议程，这就意味着任何人都无法以接近100%的准确度来对未来的价格进行预测。

当混乱的不确定性出现时，大多数人在需要做出重要决定时，本能反应都是去咨询专家。你可能也遇到过类似的情况，即使你知道自己无法预见未来，你想了解未知事物本质的好奇心也会促使你向相应领域的专家进行咨询。你甚至可能会请这些专家帮你预测一下未来。你绝对不是唯一一个这样做的人。试想一下，如果充满好奇的人不多，那么又该如何解释许多"专家"出现在电视节目中为观众解答大量问题这一现象呢？

绝大多数投资者仅仅根据投资经理的历史业绩来判断投资风险。这听起来可能是合理的，但实际上却隐藏着一个巨大的错误。为什么？因为历史业绩所代表的时期很可能并未发生过可以导致其投资方法失效的事件。当未来发生此类事件时，其损失很容易就会达到历史最大损失的5倍甚至10倍。产生这种错误的原因是，历史业绩无法全面反映未来可能出现的所有情况。

——杰克·D. 施瓦格

金融财经类电视节目似乎总在没完没了地向观众展示专家对股票与市场行情的预测。

一种常见的错误理解是，过去的回撤是对未来回撤的一种预示。这种理解是不正确的，因为未来的情况可能比过去还要糟糕。

——杰里·帕克，
海龟训练营成员、奇瑟比克资本公司首席执行官（奇瑟比克资本公司的资产管理规模超过10亿美元）

事实上，专家们也是在猜测。他们知道的实际上并没有声称的那么多，没有人能够准确地对未来进行预测。

很多人都曾听从金融"专家"的建议，冒了极大的风险进行投资。但是，在过去几年中，这些金融专家对房地产市场与股票市场的预测经常大错特错。大部分"专家",包括那些政府机构经济部门的负责人,对金融危机严重程度的判断也是完全错误的。

混乱的不确定性几乎是不可能被控制的,但是在面对信息的不确定性时,人们有可能会做出"恰当的"或"正确的"决定,尽管信息的不确定性也存在自身的复杂性。虽然在信息不确定的情况下,人们理论上可以做出"正确的"决定,但人们不得不为此花费数倍的时间和资源。从这个方面来说,面对信息的不确定性并不比面对混乱的不确定性好到哪儿去。在这两种情况下,当你必须做出决定时,你都不知道未来会发生什么。本质上,不确定性是无法被消除的,所有决定都不会是完美的。

因此,在商业、政府以及个人生活的方方面面,人们经常做出糟糕的决定。由于这些糟糕的决定,人们不得不面对消极的结果,甚至饱受折磨。

随着竞争性产品的上市周期越来越短,上述问题在最近几年越来越多。人们以前可以在几年之内做出决定,现在则必须在几个月或者几周之内做出决定,这给身处决策过程中的人带来了越来越大的压力。

然而,幸运的是,如果你知道如何处理那些可能导致你做出错误决定的因素,你就可以更好更快地做出决定。下面的章节将向大家介绍面对不确定性时的许多策略。

有时,不确定性意味着潜在的危险,在这种情况下,人们经常会发现自己在以一种更加原始的思维模式思考。当人们必须做出可能会造成损失或者伤害的决定时，这种原始的思维模式就显得尤为突出。

从进化的角度来说，这并不令人感到惊讶。对原始人类而言，尽可能避免做出有风险的决策是明智的。毕竟，他们所遇到的风险往往都是难以克服的。这些风险包括与狮子、熊及其他野生动物进行搏斗而导致的大量失血、感染，甚至是中毒。即使在最好的情况下，冒险也可能导致受伤，假如运气不好，冒险甚至会导致死亡。与避免风险相比，冒险可能会付出的代价太大了。在原始人类的世界里，决定往往是非此即彼的，例如要不要躲开狮子，要不要躲开熊，以及要不要躲开眼镜蛇。总的来说，由于风险太高，因此只能规避一部分风险的策略是没有意义的。如果有什么事情可能会要了你的命，那么你应该采取任何可能的措施，避免让它发生。

无论人们是将原始人类的风险厌恶归因于自然选择的进化过程，还是归因于烙印在基因上的人类本能，最终的现实都是一样的，即原始时代，人类害怕风险并会尽可能地躲避风险。当时，谨慎行事是一个好策略。随着时间的推移与文化的发展，小村落逐渐发展成庞大的国家，人们也开始以复杂的方式进行贸易和互动。然而，人类在原始时代养成的习惯逐渐成为生活中的障碍。保险行业、期货市场、公司相继出现，于是人类的风险从生理层面转向金融层面，那些曾经为我们处于原始时代的祖先服务的能力已经无法再为现代人类提供相应的服务，甚至阻碍了现代人类的发展。如今人们的竞争集中在金钱和由此产生的权力上，原始的思维模式在这些方面通常是进步的阻力，容易导致人们做出错误的决策。

应对不确定性的最佳策略是明白一个事实，即生物学并不能决定人的命运。你可以不被原始的思维模式束缚。事实上，你如果想更加有效地应对不确定性，就必须打破这种思维定式，接受现实，即你的决策和行动的结果存在未知的因素。

在政府、商业以及个人生活中，人们如果使用不切实际的策略去应对不确定性，那么可能会面临非常严重的后果。因此，人们和他们运营的组织往往只专注于如何获得正确答案，以及如何找到最佳解决方案，以便采取恰当的措施。但是，人们的精力和努力最终都会浪费，因为人们拒绝接受这样一个现实，即正确答案、最佳解决方案、恰当的措施通常并不存在，只有事后它们才会变得显而易见。

你永远可以假装正确答案是存在的，你可以认为，如果自己不能找到这些解决方案，那么总可以向专家或权威人士咨询。然而，当你意识到无条件的正确答案不存在的时候，你可能会过得更好。因此，为了应对这个现实情况，你需要为自己可能会犯错这件事做好准备。

我的提议其实非常简单。如果你不能确定事情是否会如你预期那样发展，那么你应该为意外情况做好准备。如果事情在朝着相反的方向发展，就不要假装之前的决定是正确的。相反，你应该努力寻找真相，并且持续跟踪真相。不要把所有资源都投入自以为正确的计划之中。相反，你应该为自己保留一些资源以防计划不奏效。不要等计划失败才感到惊讶，在任何不利的迹象出现之前，就积极找出那些可能让计划失败的因素。

也许这件事对很多人来说是显而易见的。当然，当你不知道未来可能会发生什么的时候，你应该考虑犯错的可能性。当然，你也不应该把所有资源都放在同一个"正确的"篮子里，就好像你不应该把所有鸡蛋都放在同一个篮子里一样。

当处于理性的思维模式时，人们会使用他们认为最好的方式来处理事情。但事实上大多数人很少会按照他们认为最好的方式来做事。通过观察大多数政府和大型公司资助的项目的运作方式，我们知道，这些项目存在一个共同特征，即公开竞标，"胜者为王"。但是，竞标结束后，如果中标一方的技术或理念存在任何不确定因素，这些项目就会暴露在不确定的风险中。如果技术或理念没有达到最初的承诺，项目就可能会以失败告终，大量的时间和金钱也会因此浪费。对政府资助的项目来说，项目失败所带来的资金浪费都是由纳税人买单。

幸运的是，我们可以从那些每天都需要与不确定性打交道的人身上学到很多东西。在 20 世纪 80 年代末我就结束了交易员的职业生涯。随后，我转向风险投资，成立了一家软件公司，并与其他人共同创办了几家公司。在新工作中取得了一些成功也经历了一些失败之后，我开始注意到，那些最成功的企业家和天使投资人处理风险的方式与我和我的交易员同事非常相似。这让我想到，我在交易中学到的那些风险控制法则也许可以应用于更加广泛的领域。也许一个人可以在训练中学会如何有效应对风险与不确定性。

  2001 年年初，我遇到了布鲁斯·提兹，这次相遇也让我再次肯定了当初那灵光一现的想法。布鲁斯既是一名成功的交易员，也是一名房地产投资者。当时他还是芝加哥西奈山医院的一名全职急诊室医生。我很快就明白了，为什么布鲁斯会在这三个领域都如此成功。在从他那里学到了一些急救方面的知识后，我发现急救、交易以及创业这三者之间存在很多共同点。

  急救、交易、创业是最常出现不确定性、资源短缺，并需要从业者快速有效地做出决策的领域。因此，从逻辑上来说，最好的急诊室医生、交易员，以及企业家都制定了相似的策略来应对他们在工作中面临的风险，也就是我们前面所讲的风险与不确定性。我将那些已经学会如何管理风险的人士称为风险管理专家。在第 4 章中，我将向大家分享这些风险管理专家是如何通过策略来有效管理风险与不确定性的。

4

风险管理七大法则

我们的主要工作不是去看远处那些模糊的事物，而是着眼于手边清晰的事物。

——托马斯·卡莱尔

我还记得我做的第一笔交易。我的第一位交易导师罗奇·巴克慷慨地让我住在他位于威斯康星州日内瓦湖畔的避暑别墅。许多芝加哥的优秀交易者在那里都有避暑别墅。由于罗奇不得不在市场收盘前回到他位于伊利诺伊州的家，因此他让我留下来追踪一个由 5 份标准普尔 500 指数期货合约组成的小仓位。根据罗奇的指示，当这些合约的价格跌破某一点位时，我就需要卖出这些合约。

当价格下跌到罗奇告诉我的卖出点位时，我能感受到，由于恐慌，我的肾上腺素水平飙升，因为我必须迅速做一件我以前从未做过的事情——打电话做一笔交易。如果搞砸了，我就可能会让罗奇损失一大笔钱，同时失去他对我的信任。

我根据罗奇留下的电话号码拨打了电话，并且下达了一个以某一价格卖出的指令。在这个过程中，我尽了最大努力去模仿罗奇在亲自下达指令时使用的那种措辞。当价格持续下跌而我并没有接到交易确认电话时，我开始担心起来。如果罗奇第二天发现我搞砸了这笔交易，他一定会非常生气。于是，我将卖出指令中的卖出价格又调低了一点儿。直到接到交易完成的确认电话，我才终于松了一口气。

在帮助罗奇做交易的过程中，不确定性与我建立了"兄弟般的情谊"。同时，我也经历了许多来自不确定性的严峻考验。因为不知道会发生什么，所以我不得不等待市场的反应，这令我非常苦恼。当我下达交易指令时，我无法知道价格是会上涨还是会下跌，也无法知道这笔交易指令是否会被录入交易系统，我甚至无法确切地知道这笔交易是如何执行的。在交易的世界里，正确答案是不存在的，结果也无法被成功预测。

不确定性和由此产生的风险是交易中非常核心的部分。**没有风险就没有潜在的盈利空间**。交易者承担风险来获取潜在的盈利空间，这正是交易者存在的意义。如果交易者能够很好地承担风险，他们就可以盈利；反之，他们就会面临亏损。这是交易游戏的精髓。

优秀的交易者对待风险的方式与优秀的冲浪者驾驭海浪的方式是一样的。时机和判断力至关重要。首先，你需要选择合适的海浪。如果你选择的海浪比较大，那么当海浪快速卷起时，你可能会被成吨的海水猛烈冲击；如果你选择的海浪比较小，那么你将失去乘风破浪的机会。其次，你需要准确地掌握入水的时机。如果进入得太早，你就会遭受海浪的猛烈冲击；如果进入得太晚，你就会错过海浪带来的动力，无法向前移动。

市场给予交易者交易机会就像海浪给予冲浪者冲浪机会一样。交易者不需要抓住每一个潜在的交易机会，就像冲浪者不需要迎接每一拨海浪一样。虽然没有什么事情是确定的，但如果一些交易的胜率对你是有利的，这些交易就可能会给你带来盈利的机会。交易者在掌握一定交易技巧与知识的情况下，知道什么时候是有利于交易的入场时机。但令人感到惊讶的是，这些技能并不能帮助人们区分优秀的交易者、失败的交易者以及普通的交易者。

伟大的交易者与普通的交易者之间的区别在于他们应对风险与不确定性的方式，以及他们应对未知困难的方式。冲浪者如果想要乘风破浪，就必须做好落水和被海浪猛烈冲击的准备。交易者如果想要在交易中盈利，那么就必须对亏损也有所准备。没有风险就没有回报。即使在其他人停止交易时，优秀的交易者也能继续交易，因为他们知道未来是不可预测的，亏损也是交易的一部分。

对优秀的交易者来说，风险是旅途风景的一部分，只有越过风险这座"高山"才能获得期望的财富。在攀登的过程中，优秀的交易者知道他们必须艰难前行。当一笔交易不可避免地出现错误时，优秀的交易者知道他们必须付出更多努力，才能在好的交易机会出现时获得盈利。与此同时，优秀的交易者知道，他们需要谨慎地控制风险，因为风险可能是致命的。通常，小剂量的药物可以治疗疾病，但是大剂量的药物却可能导致死亡。同理，风险是必要的，但它也是危险的。优秀的交易者会花大量时间与精力来管理交易中的那些固有风险。

当我不再从事交易工作后，我发现之前在交易中遵循的风控原则也同样适用于创业中遇到的风险。这段经历让我可以将交易中的风控原则与我的创业经验结合起来，延伸扩展，使其成为管理风险与不确定性的通用法则。优秀的交易者通常会运用七条法则来管理风险与不确定性，这些法则也适用于职场与个人生活的方方面面。这七条风险管理法则的具体内容如下：

1. **克服恐惧**。优秀的交易者知道,恐惧会阻碍他们做出决策，使他们不敢冒险。当你需要迅速且果断地采取行动将自己从危险中拯救出来时，恐惧会麻痹你。正如"黑夜中车灯前的小鹿"一样，它让你时刻胆战心惊，不敢向前。所有优秀的交易者都需要克服恐惧，以在必要的时候果断地采取行动。

2. **保持灵活**。作为一名交易者，你永远不知道股票和交易市场会发生怎样的变动。这就是不确定性的精髓。面对未知，最好的策略是保持灵活。

3. **承担合理的风险**。很多新手交易者在做交易的时候就像坐在拉斯韦加斯的赌桌上一样。他们将大量资金置于风险之中，然后根据直觉、谣言，或者其他人的建议去进行交易。这些新手交易者可能会愚蠢地冒险，但优秀的交易者则会承担合理的风险。

合理的风险更像是一种有根据的猜测，而不是全凭运气。和新手交易者不同，优秀的交易者不做赌徒。

4. 做好犯错的准备。如果你不知道未来会发生什么，但你认为自己选择的交易有一个假设的特定结果，那么你可能正在犯错。在许多情况下，你亏损的可能性会大于盈利的可能性。重要的问题是你会盈利还是会亏损，而不是你正确判断的次数是否大于错误判断的次数。即使知道自己可能会犯错，优秀的交易者也往往可以从容地做出决定。

5. 关注现实。作为一名交易者，没有什么比对现实的准确了解更加重要的了。交易者应该迅速明白，是自己的决策导致了亏损，也应该知道自己需要尽快了解这些亏损。成功的交易者会积极关注市场的表现，面对真实的交易世界，而不是把头埋进沙子，假装市场不是它实际上的样子。

6. 快速、果断地应对变化。当现实情况没有按照计划进行时，或者当未来出现了意想不到的事件时，直面现实与快速、果断地应对变化都是非常重要的。当市场价位变动到之前确定的离场价位时，交易者会卖出手中持有的交易头寸。对一个胜任交易岗位的交易者来说，在遇到上述情况时，他会快速、果断地应对变化并及时离场。他的这个选择可以将头寸的风险敞口降低至零。

7. 专注于决策的过程，而非结果。在很多原因的作用下，优秀的交易者可以轻松地扭转局面。对于那些在不确定的情况下做出的错误决策，优秀的交易者往往有更加成熟的看法，这只是他们轻松扭转局面的原因之一。当事情没有按照之前所希望的那样发展时,他们明白,这并不意味着他们的交易是错误的。很多时候,好主意是行不通的。只要存在不确定性,你就可能会犯错。所有优秀的交易者都会出于某个特定的原因选择入场交易,也会出于某个特定的原因选择卖出离场。对某些交易来说,优秀的交易者会专注于决策的过程而不是结果。

本章接下来将深入介绍每条法则是如何在交易中应用的。在本书的后面,我还将用一整章的篇幅来讨论如何在生活的各个领域中应用这些法则。

虽然我没有把自己定义为一个传统意义上的"交易者",但是柯蒂斯制定了一套法则,这些法则对长期投资者和短期交易者来说都是有利的。这套法则充满了自我评估、批评性、谦虚等特征。无论你的持仓周期是十分钟还是十年,这些特征都可以帮助你将失误最小化,也可以帮助你在市场中将自己的价值主张最大化。

——尼尔·甘农

克服恐惧

恐惧既可以给生活带来帮助,也可以对生活造成阻碍。恐惧会帮助我们远离危险。但是,优秀的交易者知道,恐惧也会阻碍他们做出决策,并且让他们害怕冒险。当你需要快速、果断地采取行动拯救自己或拯救他人时,恐惧会让你感到麻痹,正如"黑夜中车灯前的小鹿"一样。所有优秀的交易者都需要克服恐惧，让自己能够在需要的时候果断地采取行动。

恐惧会以两种方式影响交易者的交易行为：一方面，恐惧会使交易者因害怕承担风险而错过交易机会；另一方面，如果交易者已经承担了风险，那么恐惧也会使交易者在亏损面前逃避现实，难以离场。恐惧的这两种影响方式都可以摧毁一个交易者。你必须学会克服恐惧，才能在充满不确定性的大海上顺利航行。一些交易者必须非常努力才能克服他们的恐惧，而另一些交易者则觉得克服恐惧对他们而言要容易一些。每个优秀的交易者都懂得如何在交易中克服恐惧，无一例外。

保持灵活

作为一名交易者，你永远不知道哪只股票或者哪个市场会发生怎样的变动。这就是不确定性的精髓。面对未知，最好的策略就是保持灵活。

交易者永远无法知道市场会在什么时候给自己带来巨大的回报。在众多市场中，交易者也永远无法知道哪个市场会让自己赚到钱。由于无法预知哪个市场会发生变动，所以优秀的交易者会通过分散投资来提高他们的交易胜率。这意味着他们可以同时在多个市场中进行交易，这样他们就能利用价格的巨大波动赚取利润。对那些最优秀的交易者来说，他们并不在乎自己是在哪个市场中进行交易的。他们在不断地寻找新市场，也在不断地寻找交易中赚钱的新方法。

优秀的交易者知道，他们所做的交易可能会亏损，他们也许需要迅速改变交易方向，优秀的交易者也知道，在无法影响市场的情况下，应该对交易的合约或股票数量有所限制。如果交易的合约或股票数量超过了上限，那么改变交易方向就会变得非常困难。为了保持灵活，优秀的交易者知道他们需要进行仓位管理。

"风险"会给未平仓合约带来巨额利润，这种观念是最大的谬误之一。"波动率"是给未平仓合约带来巨额利润的可能性因素，而"风险"却并不是。交易者应该更加关注亏损的资金和之前已经赚取的利润。当交易者过于关注公开的交易利润时，如果他们在基本的退出规则之外缩小风险敞口，那么交易资金可能会越来越少，实际损失可能会越来越大。

——杰里·帕克

承担合理的风险

很多新手交易者在做交易时就像坐在拉斯韦加斯的赌桌上一样。他们将大量资金置于风险之中，只根据直觉、谣言，或者其他人的建议去进行交易。这些新手交易者不仅会愚蠢地冒险，还热衷于祈祷，对行情有不切实际的期待。

优秀的交易者会承担合理的风险。合理的风险更像是一种有根据的猜测，而不是全凭运气。合理的风险其风险敞口有上限。

即使交易结果不好，一笔或几笔失败的交易也不会对交易者的账户产生太大的负面影响。通常，具有合理风险的交易往往有以下两个特征：

· **合理的风险敞口**——当市场价格出现较大幅度的变动时，合理的风险敞口不仅可以让交易者获得良好的投资回报，还可以使交易者尽量避免承担失去一切的风险。

· **正面优势**——总的来看，胜率较高，交易对你有利。

只有当一笔交易同时具备上述两个特征时，优秀的交易者才会选择进行操作。无论是在合约数量过多还是杠杆程度过高时进行交易，都是愚蠢的行为。如果交易胜率对交易者不利，而交易者仍选择在此时进行交易，结果就会像在拉斯韦加斯赌博一样。优秀的交易者从来不是赌徒。

做好犯错的准备

如果你不知道未来会发生什么，但你认为自己选择的交易存在某种特定结果，那么你可能正在犯错。在许多情况下，你亏损的可能性会大于盈利的可能性。重要的是你会盈利还是会亏损，而不是你正确判断的次数是否大于错误判断的次数。

由于你也许会做一些很可能出错的交易，因此你需要制订一个计划，想好当某种情况出现时，你需要做什么，以及哪些事情可能会出错。在交易中，这意味着交易者需要设置一个止损价位或者一套处理亏损交易的系统性方法。如果交易者可以制订这样一个计划，那么他就可以将由出错带来的持续不确定性的风险敞口降低至零。

对糟糕的交易结果不会过分惊讶，能够坦然接受，这是伟大交易者的标志之一。对那些想要将交易经验应用于其他存在不确定性的领域的人来说，这也是交易经验中最具启发性的部分。生活中的许多决定都可能导致不确定的结果，为了应对未来可能出现的负面结果，你应该提前制订一个计划。虽然这说起来很简单，但是执行起来往往很困难。

关注现实

作为一名交易者，没有什么比对现实的准确了解更加重要的了。幸运的是，在交易中弄清现实通常是相对容易的。价格就是市场对现实的反馈。无论你认为可能会发生什么，或者你希望发生什么，价格代表的都是市场刚刚发生和正在发生的情况。总的来说，价格可以反映现实。

20世纪80年代早期，当我第一次接触交易时，当时最先进的交易设备是通过卫星信号连接的专用计算机系统，这样的设备可以让交易者在5~10秒后接收到市场价格信息。交易所的职员会把价格上传到电子信息栏中。然后，这些价格信息将通过专用的电话线路上传至卫星接收中心，再通过卫星传送给世界各地的客户。对大多数交易者来说，他们每个月会花费300~500美元来获取最新的市场价格信息。他们现在依然如此，这笔钱花得很值。

　　交易者知道他们的决定可能会导致亏损，也明白当亏损发生时，他们需要尽快意识到这件事。成功的交易者会专注于市场的实际情况与表现，他们不会逃避现实，假装市场与实际情况不同。

快速、果断地应对变化

　　当现实情况与你所希望的不同时，积极应对和面对现实同样重要。当市场价位变动到交易者之前确定的离场价位时，交易者应该卖出手中的头寸。一个胜任交易岗位的交易者在遇到上述情况时，会快速、果断地应对变化并及时离场。通过这样的方式，他可以将头寸的风险敞口降低至零。

　　如果没有选择及时离场，他就太愚蠢了。在交易中，这似乎是显而易见的。但是对很多交易者，特别是那些新手交易者来说，在亏损时离场会让人感到极其痛苦。当优秀的交易者遇到这样的问题时，他往往会坚持自己以往的观点。为了快速地改变现状，他必须坦然接受自己会犯错的事实，同时也要让自己尽快做出行动。对交易者来说，一直处于舒适区几乎是不可能的。许多交易者会停留在犹豫、不作为的麻痹状态，这种状态有时甚至会让他们失去账户里的全部资金。在某些情况下，这种因麻痹造成的亏损会让整个公司面临破产的风险。类似的例子包括布莱恩·亨特犯错导致不凋花咨询公司亏损了60亿美元，尼克·利森犯错导致巴林银行亏损了14亿美元。

专注于决策的过程，而非结果

优秀的交易者可以轻松地扭转局面。对于那些在不确定的情况下做出的错误决策，优秀的交易者往往对其有更加成熟与准确的看法，而这只是他们可以轻松扭转局面的一个原因。当事情没有按照他们之前所希望的那样发展时，他们明白，这并不意味着他们的交易是错误的。很多时候，好主意是行不通的。只要存在不确定性，你就可能会犯错。

相较而言，大部分亏损的交易者并没有交易策略，甚至没有交易计划。他们凭借直觉鲁莽行事。或者更加准确地说，他们通过猜测来进行交易。新手交易者之所以这样做，是因为他们不了解不确定性，也不知道应该如何从交易中赚钱。

优秀的交易者都有自己的交易策略，他们会对自身所处的市场进行分析，也会定期测试自己的策略，确保它们有效。这些工作让他们可以迅速做出判断，确定在何时买入进场，以及在何时卖出离场。一些优秀的交易者有一套具体、可量化操作的交易规则，他们可以在计算机程序的协助下实现自动交易。而另一些优秀的交易者使用相对抽象、定性的交易策略，他们手动进行交易，根据大脑中的新想法实时调整交易细节。所有优秀的交易者都会因为某个特定的原因选择入场交易，也会因为某个特定的原因选择卖出离场。没有一个优秀的交易者是依靠猜测进行交易的。

竞争的全球化、决策具有时效性，以及巨大的货币潜力让交易活动天然具有一种"生死攸关"的紧迫特质，它让我们可以很直观地感受到在不确定的情况下做出决策的力量与风险。经历过交易的严酷考验，人们更明白面对和克服恐惧的重要性，以及如何合理地控制风险。在后面的章节中，我会使用交易中的更多细节来向大家说明，为何"克服恐惧"的法则在其他领域同样重要，以及人们应当如何"承担合理的风险"，在充满不确定性的环境中做出决策。

相较而言，企业家可以在一个速度更慢，有机会做出更加成熟的思考，以及更加有计划的环境中工作，他们更加理解"保持灵活""做好犯错的准备"以及"关注现实"的重要性。急诊室医生的工作经验让这个行业的从业者更加理解"快速、果断地应对变化"以及"专注于决策的过程，而非结果"的重要性。这些不同的原则可以帮助你更好地了解风险与不确定性，全面地认识和理解本书中的七条风险管理法则。

在第 5 章中，我将说明这七条法则是如何在创业与企业经营活动中进行运用的。

5

海龟的风险管理之道

很多创业公司都是白手起家的,从无到有,不断创造各种各样的东西。在这个过程中,你永远不知道自己的方向是否正确。你只能通过分析与判断来做出决策,然后继续前进。对一些人来说,创业之路相当可怕,因为他们再也不能像在书的后面查询标准答案那样去寻找创业过程中所遇到的困难的解决方案。

——斯蒂芬·沃尔夫勒姆

我是从 1980 年开始对商业感兴趣的。那一年,我 16 岁。放学后,我为乔治·阿恩特先生工作,他是我所在的小镇上的一位企业家。阿恩特先生的公司是一家小型软件公司,主要向商品交易者和那些渴望成为商品交易者的客户销售软件。

我在老板家的一间办公室里工作。老板的家是一栋新英格兰风格的小别墅,别墅外养了很多动物。我们每天都要经过一群鹅和一只疯疯癫癫的火鸡才能进出别墅。我很快就发现,这群鹅和那只火鸡是能感受到恐惧的。如果你自信地朝它们跑去，它们就会向四面八方逃窜；如果你胆怯地朝它们走去，它们就会啄你的腿。在这些动物中，火鸡是最具攻击性也是最大的动物。

我们的办公桌由一张餐桌和一张厨房旁边的折叠桌组成。虽然这样的桌子看上去有些杂乱无章，但是它比我们念高中时使用的书桌要有趣得多。

这份工作真正吸引我的是自由的工作状态。我会分配到一些特定的任务，如何完成这些任务由我自己全权决定。那是我第一次使用电脑。在我真正学会编程之前，我就获得了我的第一份编程工作。每当我想起这件事，我就会忍不住笑起来。直到今天，我觉得阿恩特先生可能都不知道我在为他工作之前并不会编程。

在1980年年初，我看到了我接触的第一个计算机程序，在美国马萨诸塞州阿耶尔市的一家无线电器材公司的电脑显示屏上运行，那里距离我住的地方大约有3英里。一位来自DEC（数字设备公司，是当时世界上最大的计算机公司之一，总部位于10英里以外的马萨诸塞州梅纳德市）的本地工程师曾编写了一段能让他的名字沿着屏幕的对角线滚动的代码。在他向我展示了3行代码后，我就被迷住了。

尽管我的家庭在当时无法负担价值1 000多美元的电脑，我仍想要学习编程，了解这些代码是如何起作用的。因此，我购买了一本计算机编程语言参考指南。我把指南阅读了几遍，它看起来没什么难的。你只需要输入指令告诉计算机该做什么，随后输入"运行"，计算机就会一行一行地运行代码。这个过程非常简单。

此后，我有时路过阿耶尔市的这家无线电器材公司，会选择停下来，进去输入几行代码。

后来，在 1980 年的秋天，我的姐姐瓦莱丽在本地的一份报纸上发现了一则招聘广告，她应聘了广告上的岗位——乔治·阿恩特先生那家小软件公司的簿记员。当时阿恩特先生也雇用一些当地的高中生，让他们在放学后为他做编程的工作。姐姐建议我申请这样的岗位。我认识一些在阿恩特先生那里工作的孩子，我觉得自己比他们聪明，应该可以胜任。于是，有一天我和姐姐一起去了阿恩特先生的公司，准备碰碰运气。当阿恩特先生告诉我这个岗位已经满员时，我有些泄气。不过，鉴于我只有 2 个小时的编程经验，我倒也没有特别失望。

四五个星期后，姐姐说阿恩特先生有意让我进入公司工作。阿恩特先生对在他那儿工作的大多数学生感到非常失望，加上姐姐一直在向阿恩特先生推荐我，所以，阿恩特先生答应让我去试试。在一个星期五，放学后，我去公司拜访了阿恩特先生。

阿恩特先生对我的面试时间很短。他对我说："下个星期我会给你一份工作，如果你能胜任这份工作，那么我将继续雇用你，如果你不能胜任这份工作，那么下周将会是你的最后一周。"就这样，我得到了一份程序员的工作。如果我能编程，我就可以保住这份工作。这对阿恩特先生来说是一个低风险的雇用决定，对我来说则是一个很好的工作机会。

但问题是，我并不知道该如何编程。因此，我整个周末都在反复阅读《TRS-80 二级编程参考指南》，希望突击式的学习可以弥补我经验方面的不足。

事实上，这种学习方法是有效的。我在接下来的三年里一直从事这份工作，包括高中的最后一年，以及进入大学后的一段时间。后来，我就退学去做期货交易员了。之后的工作让我认识了交易，也让我结识了我的第一个交易导师罗奇·巴克，并最终让我有机会与其他11个人一起加入著名交易者理查德·丹尼斯先生举办的培训项目。这个培训项目后来被称为"海龟计划"。

通过复盘我获得第一份编程工作的经历可以发现，成功的企业家有一个共同特点：乐于冒险。他们可以在不知道未来会发生什么的情况下全身心地投入工作。换句话说，他们愿意浪费时间去尝试一些可能不会成功的事情。

在本章接下来的内容中，我们将从企业家、初创公司投资者、天使投资人以及风险投资家的角度来详细了解风险管理的七大法则。在创业环境中，有三条法则特别重要，它们分别是"保持灵活""做好犯错的准备""关注现实"。

这三条法则之所以对创业来说如此重要，是因为初创公司中存在的不确定性与交易中存在的不确定性是不同的。在初创公司中，这种不确定性通常表现为信息的不确定性。由于创业者必须在有限的时间内采取行动，他们通常没有足够资源去了解所有潜在选择以消除不确定性。因此，创业者不得不做出一些有根据的预测。

在创业和执行计划的过程中，企业家会发现，其中一些，也许很多，甚至大部分的预测都是错误的。一些预测会在微观方面出现错误，例如，一些支出可能略低于预期，收入的波动可能高于预期，获得经营许可证的时间可能超出预期时间，以及其他微观方面的事情。有些预测可能完全是错误的，甚至是灾难性的。

当这种情况发生时，一个做好了面对一切的准备，不畏惧做出错误决策，并且关注现实的企业家通常是不会轻易动摇的。通常，他会根据实际情况快速做出调整，并致力于在变化的市场环境中获得成功。一个伟大的企业家知道，"犯错"并不会成为一个问题，真正的问题是"不敢犯错"，以及"犯错时依然执迷不悟"。

让我们从企业家的角度出发来考虑一下风险管理的七大法则：

法则1：克服恐惧。

法则2：保持灵活。

法则3：承担合理的风险。

法则4：做好犯错的准备。

法则5：关注现实。

法则6：快速、果断地应对变化。

法则7：专注于决策的过程，而非结果。

克服恐惧

许多人都梦想着经营自己的企业。也许他们厌倦了没有太多话语权的工作，也许他们在某些道德问题上与老板或者管理层持有不同看法，也许他们自认为可以改变世界。对大多数人来说，这个梦想将永远只是一个梦想。将梦想转化为计划，再将计划转化为现实的过程是很难的。

一些人向前迈出了一步。他们在为创业不断做着计划与努力。他们和所有朋友谈论自己的想法。他们进行销售预测，制订营销计划，做了各种预算方案，梦想着将来能赚到许多钱，以及新事业可以让自己更自由。为了实现创业这个梦想，他们不断存钱，耐心等待合适的条件，以便实施创业计划。然而，在整个过程中，他们似乎从来没有真正采取过行动，比如辞去现有的工作。

其实，这也没有什么错。创业不仅令人感到恐惧，而且还充满风险，因为你有可能会失去一切。对大多数人来说，他们不具备创业成功所必需的风险承受能力。

如果你想成为一名成功的企业家，你就必须锻炼在不确定的条件下承受风险的能力。如果你想获得成功，那么你必须愿意承受一切风险并且做好失败的准备。

保持灵活

如果你不知道未来会发生什么，你就需要做好犯错的准备，这就是保持灵活的含义。既然知道你不能完全准确地预测未来，你就必须事先准备弥补错误的方案，这样的观念是创业的基础，毕竟错误的预测在任何企业中都有。在初创公司中，保持灵活通常包括四个重要因素：

1. **一个灵活的团队**。灵活的团队是指一小群有能力并且愿意同时做三四件事的聪明人，而不是人数更多但只会做一件事的人。团队应该尽可能由拥有丰富经验的人组成，而不是那些只在某一特定领域具备丰富经验的人。保持灵活性的关键是组建一支在心理上非常适应创业的团队。很多人其实并没有做好创业的准备。

2. **一个灵活的计划**。计划必须灵活，并且考虑了几种不同结果，包括非常保守的预期收入，以及最坏的收入情况。也就是说，你要想好，如果你的创业公司完全没有销售额的话，那么你应该做些什么？

3. **替代性收入**。可能的话，初创团队应该具备在主营业务之外提供其他替代性产品或者服务的能力。如果公司主营业务的收入没有达到预期，或者需要花费比预期更长的时间，那么替代性收入可以让公司继续存活下去。

4. **战略性储备**。企业应该储备一些资金和资源。在企业发展的过程中，当最初的计划与现实情况出现偏差时，战略性储备能助你渡过难关。

承担合理的风险

初创企业涉及的投资风险通常很容易理解。新公司可能无法盈利或者无法靠其产品创造足够的价值，你不得不将它出售给另一家公司，这时你可能会损失个人投资的所有资金。

并不是所有风险都是指投资风险。实际上，初创公司面临的最重要的风险都与投资损失没有什么关系。通常，那些最重要的风险包括：

市场风险。你是否正在进入一个已经拥有大量竞争对手的市场？你是否正在进入一个需要大量前期资本的市场？

资本风险。你是否需要持续不断地注入资金，以保证公司业务增长至盈利水平？当资本市场的环境发生变化时，你是否有能力确保这些资金的安全？

人员风险。初创团队的成员中，有多少人可以胜任自身的岗位要求？有多少人需要适应并学习新的工作内容？有多少人可以帮助指导其他团队成员，或者在人员缺席的时候成为临时替补成员？

技术风险。你是否正在使用那些新的且未被尝试过的技术？在现有市场中，是否还有其他风险相对更低的替代方案？你的团队成员是否可以掌握这些新技术？他们是否有足够的经验以有效地使用这些新技术？

通常，你需要尽可能地减少探索可能存在风险的领域的次数。可以的话，尽量使用那些已经过验证的技术。如果需要使用新的技术，那么你要确保自己拥有一支经验丰富的技术团队。如果条件允许，就尽量使用成熟的团队。尽量在创业开始之前募集足够的资金。或者更好的是，制订一个对资金量要求较低甚至不需要资金的计划。如果你的计划包含一支经验丰富且态度灵活的团队，那么这次创业将有更大的机会获得成功。"经验丰富且态度灵活"

是指团队中的每个人都有能力胜任其他成员的大部分工作，能够掌握其他成员主要负责的技术，并且团队在一开始就有足够的资金来完成这个计划。

如果你想成为一名企业家，那么你需要具备对风险的"钝感力"。创业是一件非常困难的事情，在这个过程中你会面临很多次起起落落。通常，普通人会感到气馁然后选择放弃。要想成为一名成功的企业家，关键是要有能力接受创业过程中的波动，并时刻保持乐观。

但是，这个关键能力有时候是一把双刃剑。

对于风险评估，许多创业者过于乐观。这就是为什么很多创业者在成功与失败之间来回徘徊。乐于承担风险的特质能让一个人成功，也能毁灭一个人。

在很多情况下，风险投资家可以帮助创业者破解这种令人抓狂的周期性循环。在创业的早期阶段，一些创业者依靠的是乐观主义的力量。但是，在后期创造价值的过程中，这些创业者要避免陷入持续乐观的陷阱。

——西蒙·奥尔森，德丰杰风险投资公司合伙人

做好犯错的准备

做好犯错的准备，第一步是要承认，未来可能不会像你原本

想象的那样发展。因此，你需要提前决定做哪些事情或者避免做哪些事情，以及当那些导致计划出错的事件同时发生时，你要采取哪些措施，如何处理与应对。

如何为犯错做好准备呢？当事情的发展没有如你所愿时，你需要有明确的判断标准和解决策略。在某些情况下，这甚至意味着你应该知道如何有条不紊地终止业务。

你需要清楚地判断，一件事是否在按照原始的计划进行，这非常重要。如果你能提前考虑到这一点，那么当现实情况与你的原始计划有较大出入时，你可能也会找到挽救公司的方法。如果你等到现实情况与原始计划变得南辕北辙时才意识到这一点，那么你可能会手忙脚乱，试图拯救这艘正在下沉的船，却没有时间或者精力去扭转船的航向。

关注现实

这也许是区分成功的创业团队与失败的创业团队最简单的方法。成功的团队总是试图关注那些可能导致错误的迹象。然而，失败的团队却总是假装自己是正确的，即使现实情况并非如此。失败的团队花了太多时间证明自己之前的决定是正确的，但却没花多少时间调整计划。

有时候，客观现实并不是那么容易就可以发现的。如果一位首席执行官日常的性格与语言表达方式是属于鼓励型的，那么这位首席执行官可能会发现，他的团队向他隐瞒了真相，因为团队成员并不想让他感到失望。如果一位首席执行官日常的性格与语言表达方式是属于严厉型的,那么这位首席执行官也可能会发现,他的团队向他隐瞒了真相,因为团队成员担心自己被惩罚。即使是在一个20～30人的小团队里,密切关注公司各个部门的运营情况也是一件很困难的事情,更别说密切关注一个大型风险投资项目的所有细节了。有时候,客观现实可能很难察觉。

通常,成功的企业家会花费大量时间、金钱以及精力来确保事情按照计划进行。这件事之所以非常重要,是因为当现实情况与计划方案之间出现微小偏差时,如果企业家及团队成员能够及早发现,那么他们只需要对计划方案进行适度的调整。如果企业家及团队成员不能及早发现这些问题,这些问题就有可能毁掉整个项目。

这件事有点儿类似于开车。新手驾驶员很难处理所有新信息。在驾驶车辆的过程中,新手驾驶员常常会因为过于关注驾驶技术而忽略红灯。他们还可能突然刹车。因为他们看到红灯的时候已经很晚了,所以不得不猛踩刹车以避免交通事故发生。对经验丰富的驾驶员来说,当开车接近十字路口时,他会提前留意十字路口处的信号灯。如果信号灯是红灯或者正在由黄灯变为红灯时,他就会提前踩刹车,平稳地将车停下来。

对安全第一的驾驶员来说,为了确保安全地驶过十字路口,他会密切关注其他车辆是否已经停稳或者正在刹车。他不会假设其他驾驶员都注意到了路口的信号灯。因为根据他以往的经验,只要有一个驾驶员没有注意到信号灯,就可能导致交通事故发生。

同理，聪明的首席执行官也在做着同样的事情。他们不仅关注自己的工作，还关注整个团队和公司的情况，以防有同事没有对自己的工作内容给予足够的关注。如果一些错误和疏忽能够被及早发现，这些错误和疏忽就通常不会引发致命的问题。但是，如果一些错误和疏忽没有被及早发现，那么这些错误和疏忽则可能引发一系列让你感到手忙脚乱的问题。关于这一点，我很有发言权，因为我曾经不止一次被这样的问题困扰过。"关注现实"这个法则，我是吃了很多苦头才学会的。

快速、果断地应对变化

做好犯错的准备与关注现实都很重要。此外，对环境变化做出快速调整也是非常重要的。当环境发生变化时，企业家及团队成员需要及时对原来的计划方案进行调整。值得一提的是，反应与调整的速度是很重要的。

如果早期迹象表明，潜在客户不喜欢公司的产品，那么公司需要立刻做出调整，而不是等到十天之后，两个月之后，甚至是产品已经上线发布，销售情况惨淡之后。发现问题后，需要立即找出客户不喜欢的部分，以及他们不喜欢的原因，然后努力解决这些问题。

如果我们在早期就根据现实情况对原来的计划方案进行适当调整，那么我们需要面对的痛苦是相对较少的。同时，我们也可以比较容易地看到调整后的效果。但是，如果我们没能在早期根据现实情况对原来的计划方案进行适当调整,而是任由情况恶化,那么我们可能很难再在后期让情况有所改善。假设现在有一艘超级邮轮正在驶入港口,当它距离港口一百英里时,它可能只需要进行一个微小甚至难以察觉的航向调整,就能避开一个港口处的大型障碍物。然而,当它距离港口一英里时,它可能需要用尽全力,才能顺利调整航向,避开障碍物。当它距离港口只有一百码[1]时,它可能就没有办法避开障碍物了,因为这在物理上是行不通的。这也是许多船上的水手在一般情况下会尽量远离超级邮轮的一个原因。如果你的船挡住了超级邮轮的航行路线,那么它可能会不可避免地撞上来,导致你的船倾覆。

专注于决策的过程,而非结果

优秀的团队无惧做出调整的原因之一,就是他们对事情的不确定性有成熟的理解。他们知道自己未来可能会犯错。因此,当有迹象出现时,他们会毫不犹豫地进行适当调整或者改变原来的计划方案,因为他们知道什么才是最重要的:利用目前掌握的信息做出决策的能力,而不是过往的决策正确与否。

他们也知道,早点儿犯错并早点儿调整方向是找到正确路线的最快方法。他们知道,起初可能没有足够的信息来引导自己找到正确的方法,直到尝试了一种错误的方法。然后,在试错的过

---

[1] 1码=0.914 4米。——编者注

程中，正确答案就会逐渐显现出来。此时，你可以继续根据不断更新的信息来做出合理的决策。试错通常是找到正确方法的最佳途径。

优秀的团队并不认为自己能够100%准确地预测未来，也不期待所有计划方案都能完美。通常，未来会发生什么往往是模糊且充满不确定性的。但是，优秀的团队依然感到得心应手，因为他们拥有可以灵活调整的计划、态度灵活的人员，以及持续跟踪项目进展并处理意外状况的能力。即使未来发生一些他们从未预料到的事情，他们也能突破困境，取得成功。对企业家来说，灵活性和响应能力是最重要的。

在第6章中，我将向大家介绍急诊室医生是如何使用这七条法则来进行风险管理的。

6

向急诊室医生学习

在恐惧的支配下，我们能做的事情是很少的。

——弗洛伦斯·南丁格尔

在加利福尼亚州的帕洛阿尔托市，有一条名为大学路的主要街道。2000年的夏天，我住在离大学路只有几个街区的地方。这里是硅谷的核心区域，沿着这条路步行大约一英里就可以看到斯坦福大学。也许，硅谷半数风险投资家的办公地点都与我的住所相隔不过几英里。

太阳计算机系统公司、惠普公司以及谷歌公司都诞生在那里。著名的帕洛阿尔托研究中心也位于帕洛阿尔托市，这个研究中心发明了可以用于大部分网络系统的以太网、鼠标光标以及图形界面。后来，它们在苹果公司的 Mac 操作系统、微软公司的 Windows 操作系统以及许多其他领域都得到了广泛应用。

硅谷有很多令人感到惊奇的事情，其中一件就是这里聚集了很多聪明且具有相似人生观的人。在帕洛阿尔托，特别是1998—2000年的互联网泡沫高峰时期，几乎每个人都参与了创业并对未来感到非常乐观。无论你走到帕洛阿尔托的哪个角落，都会遇到一小群一小群的，来自初创公司的人。

一个美妙的星期六，我碰巧坐在离我的住所和工作地点差不多远的一个小公园里，当时我正在阅读拉里·唐斯的新书。这时，一位之前坐在远处长椅上阅读另外一本书的青年向我走来，他看上去快30岁了。他走近我，问我是否喜欢我正在阅读的那本书。他告诉我，他认识拉里。几年前，当他还在美国西北大学法学院读书的时候，拉里是他的教授。我们聊了一会儿我就继续看书了。接下来的几个月，我经常在那个公园看到他。我们经常探讨关于创业、战略以及商业的话题。这个青年的名字叫西蒙·奥尔森，后来他成了我的好朋友。

快到年底的时候，西蒙告诉我，他将和同样毕业于美国西北大学的朋友布鲁斯·提兹一起创业。布鲁斯当时正在维尔京群岛（美国的海外属地）创立一个新的对冲基金。起初，我并不知道什么是对冲基金，因为我已经有大约15年没有从事金融或交易工作了。但是一段时间后，我开始推断对冲基金与交易有关。于是，我问西蒙他有没有听说过海龟计划。他说他当然有听说过。我对此感到有些惊讶，并告诉他我曾经是海龟计划的一员。

随后，他把我的情况告诉了他的朋友布鲁斯。不久后，当布鲁斯来到帕洛阿尔托时，我们共进了午餐。布鲁斯问我是否愿意去维尔京群岛加入他们。我们在进行这些讨论的时候，大部分人都知道，硅谷的互联网派对已经结束了，到处都是公司的解雇通知书。所以，我想现在可能是做几年新事情的好时机。我经常考虑是否重新回到交易领域，所以我对布鲁斯的邀请很感兴趣。经过几个月的讨论，我决定加入布鲁斯和西蒙的对冲基金团队，布鲁斯和我随后也成了好朋友。

医生、律师及交易者

布鲁斯的背景很有趣。他非常聪明。他15岁高中毕业，16岁大学毕业，20岁又从医学院毕业。后来他通过投资房地产和买卖股票赚了很多钱。快40岁的时候，布鲁斯在芝加哥的美国西北大学获得了法律学位，并在那里遇到了西蒙。

在从医的那段时间，布鲁斯基本都在芝加哥的西奈山医院做急诊室医生。西奈山医院也是美国电视连续剧《急诊室的故事》的灵感来源地。当芝加哥市中心发生事故和枪击事件时，很多受害者都会被送到西奈山医院。

在我们一起工作的几年里，我们经常在午餐和晚餐时讨论交流，我逐渐了解了急诊室医生的生活。在一次交流中，我跟布鲁斯说，根据我的个人经验，我认为医生并不能成为很好的交易者。他大体上同意我的观点，但他告诉我，他认为急诊室医生是个例外。随着时间的推移，他说服了我，我逐渐发现，急诊室医生和交易者在对待风险与不确定性方面有很多相似之处。

也许你自己或亲人曾有重病或者受伤的经历，因此对生死攸关的紧急状况比较熟悉。但是，从急诊室医生的角度来思考，你可能会产生不同的感悟，更容易理解不确定性。接下来，我将从急诊室医生的角度来分析风险管理的七条法则。再强调一次，这七条法则分别为：

1. 克服恐惧。
2. 保持灵活。
3. 承担合理的风险。
4. 做好犯错的准备。
5. 关注现实。
6. 快速、果断地应对变化。
7. 专注于决策的过程，而非结果。

克服恐惧

急诊室里存在不可避免的风险。患者可能因为急诊室医生没有及时采取救治措施而死亡，也可能因为急诊室医生的失误而死亡。即使急诊室医生及时进行了正确的救治，患者依然有可能死亡。在急诊室里，这些风险是无法避免的。

每当急诊室里出现大量需要帮助的患者时，为这些患者提供全面的护理就会变得非常困难。但是，急诊室医生依然要做出决策。在进行急救时，时间是至关重要的。如果急诊室医生没有及时做出决策或者做出了错误的决策，就会大大增加相关的风险。当急诊室处于十分忙碌的状态时，急诊室医生必须迅速做出决策，而这些决策往往是极其重要的。与交易或者创业不同的是，在急诊室中犯错是真正致命的。

要想成为一名成功的急诊室医生，你就每天都要做出关乎生死的决策。在极其有限的时间里，你必须对自己的能力和判断充满自信并迅速采取行动。对那些害怕做出生死抉择的医生来说，他们在急诊室是待不长久的。

每当需要挽救生命的紧急情况出现时，恐惧与焦虑的感觉就会出现，特别是当患者的病情突然恶化时。有一天，我接诊了一位因轻微胸部不适而被送到急诊室的患者。虽然她的胸部感到不适，但是她说话没有困难，我们甚至还开了一些玩笑。她说她的不适感已经持续了好几天，但这种不适感似乎不是很紧急。我为她安排了一些常规检查，以排除最坏的情况。突然间，她的呼吸变得急促，生命体征也开始恶化。我必须迅速采取行动。在患者和同事的眼中，急救医学的培训和经验让我可以在突发状况中保持冷静。然而在我的内心深处，我其实非常恐惧，但我知道我必须克服这种恐惧。我将一根大号针头的导管（即胸管）插入她的前胸，导管随后发出了巨大的嘶嘶声。幸运的是，她的病情很快就好转了。在这个案例中，我的行动缓解了她的病情。由于肺功能衰竭，空气滞留在她的胸腔内，并且压迫了她的心脏、血管以及另外半个肺。如果我插管失败，她就可能死亡。

在采取行动并准备插管之前，我必须先克服恐惧。恐惧会让人对自己产生怀疑。如果准备工作失败且她的病情持续恶化，那么她将会怎么样呢？还有什么环节有可能出错呢？如果我不能及时找到病因，那么我该怎么办呢？虽然我们无法绝对准确地控制疾病，但是我们可以根据经验、培训，以及案例分析在一定程度上预测疾病的结果。尽管如此，我们还是会遇到相当多的不确定性。在交易中，当我们寻找交易标的，确定入场时间时，可以使用回测、技术分析及经验来帮助我们做出交易决策。尽管如此，交易的结果永远是不确定的，这在某种程度上也会让我们感到恐惧。为了在正确的时间进行正确的交易，我们必须克服这种恐惧。

——泰德·帕特雷，医学博士，

EHP公司的医生、董事会成员、合伙人，EHP公司是一家管理多家芝加哥地区急救医学机构的管理集团。（帕特雷博士从事期权与期货交易长达15年。）

保持灵活

急诊室医疗设备具有一大特点，它们能够非常快速地解决几乎任何类型的关键医疗需求。一个设备齐全的急诊室应该配备现场诊断和急救设施，应对心脏病的除颤器，甚至是在患者可能无法通过电梯到达手术室的情况下使用的全套手术设备。

急诊室的另一种灵活性还体现在其配备有足够的医生，而且这些医生在很多专科领域都相当专业。通常，急诊室医务人员不是按照平均工作量进行配置的，而是按照最大预期工作量来进行配置的。急诊室为医生和护士储备了大量战略物资。万一出现极度忙碌的情况，这些战略物资就可以为医务人员提供帮助。

承担合理的风险

为了应对那些与医疗诊断和治疗的不确定性相关的风险，有人发明了分诊。分诊是对患者进行分类的一种方法，也是急诊室用来管理风险的方法之一。通过分诊，急诊室医生可以知道哪些患者是需要立即接受救治的，哪些患者是存在潜在风险但可以稍后进行救治的，以及哪些患者不存在迫在眉睫的危险，是可以最后接受救治的。例如，如果你因为腿部骨折而去急诊室就诊，那么你不一定是第一个得到救治的患者。此时，如果有一个枪击受害者被送到急诊室，你就会被安排延后治疗。虽然你的伤势很严重，但是你可以等待。骨折不会让你有死亡的危险，延迟几个小时固定骨骼也不会给你造成永久性的损伤。

诊断本身是急诊治疗中最重要的一个方面。错误的诊断有可能导致患者死亡，正确的诊断才能挽救患者的生命。然而，诊断是模糊的，当医生对患者进行诊断时，他并没有正确答案，医生只有可能的答案。

医生会对患者的疾病或症状的严重程度与紧迫性进行综合评估。有些问题需要立即处理，而有些问题则不是特别紧急。根据患者的症状与检查结果，优秀的医生可以迅速对情况进行评估，并做出最确切的诊断。合格的医生不一定能做出那么精确的诊断，但他们会综合考虑各类致病因素，以确定最有可能的病因。同时，合格的医生也会进行进一步检查，及时排除罕见但有可能导致严重后果的病因。如果不能及时将无关的病因排除，就可能影响患者的相关治疗。

当你进行交易时，结果是未知的。在急诊室中亦是如此。因此，你不能预测或者强制某种结果发生。当新情况出现时，你需要迅速做出反应并时刻准备做出调整。

——泰德·帕特雷

做好犯错的准备

初步诊断的结果可能是错误的。当更严重的症状出现时，患者的情况就可能比最初预计的情况更加紧急。医生非常清楚这一点，这就是为什么医生和其他医务人员要不断监测患者的健康状况。

通常，患者在接受初步诊断时，医生会要求患者进行一些额外的检查，以判断初步诊断的结果是否正确。由于医生知道他们的初步诊断可能出错，所以他们通过进一步检查这种辅助手段来降低初步诊断的错误可能造成的风险。

医生可能比任何研究不确定性的专家都更加了解不确定性的表现方式。他们几乎已经可以将医学知识、主观判断与客观的检查手段全面结合，形成一套应对不确定性的有效方法。换句话说，医生可以根据仪器检查的结果对自己的诊断进行确认，或排除某些特定病因。因此，医生知道如何验证自己的诊断是否有误，以及应该如何做出进一步诊断。

例如，如果一个患者中度发烧，那么医生通常会检查患者的耳朵、鼻子、鼻窦、淋巴结及呼吸道。通过上述检查，医生可以排除相关的器质性病变。然后，医生可能会做出流感的诊断。如果患者发烧超过102华氏度（约38.9摄氏度），那么医生可能会进行一些检查，以找到并消除更严重的问题，如细菌感染或病毒性脑膜炎。

对大多数人来说，承认犯错是非常困难的。在金融交易与急救医学中，归纳推理是经常用到的一种方法，即从最后的结果开始向前进行逆向推导。公开承认自己可能出错，可以让人提前做计划以对结果进行优化。当然，结果也有可能是正确的，但前瞻性的思考可以使结果更加优化。

——布鲁斯·提兹，医学博士、法学博士，高尔特资本公司董事长，前芝加哥西奈山医院急诊室医生

关注现实

由于医生不能100%确定他们对病人的诊断是准确的，所以他们通常会进一步检查患者的各项指标。如果患者处于极度危险的状态，医生就会对其进行持续监测。任何去医院急诊室就诊的

患者都会注意到各种各样的监测仪器和测量仪器，如用于检查心脏健康状况的心电监测器、脉搏监测器、血氧测试仪等。通过查看这些监测仪器和测量仪器上显示的即时数据，急诊室的医护人员可以始终掌握患者的最新状态。这些数据可以让医护人员迅速对患者正在恶化的病情进行处理。

通常，急诊室的监测设备会由护理人员来设置。急诊室医生则会根据监测结果再次检查他们的诊断，以排除那些不太常见或更加严重的病因。如果患者的病情较为严重，那么医生需要给患者安排较多的监测仪器。如果患者病情危重且生命体征不佳，如血压过低或脉搏不稳定，那么诊断中的一个小错误就可能让患者付出生命的代价。对一个病情相对较轻且身体素质良好的患者来说，较大的诊断错误可能也不会对患者造成严重影响。因此，医生会在病情较重的患者身上花费较多的时间和精力，而在病情较轻的患者身上花费较少的时间和精力。

在急救医学中，积极求真是极其重要的。因为在很多情况下，初步诊断可能出错。由于误诊会导致患者死亡，所以医生需要花费大量时间和精力去验证并复核诊断，同时医生也需要确保患者的病情不会恶化。

快速、果断地应对变化

如果疾病发现得较早，诊断出错或患者病情出现变化就不会使医生过于担心。但是如果疾病发现得较晚，就可能引起严重的并发症，延长住院时间，甚至导致患者死亡。对危重疾病与伤情来说，及时救治是非常重要的。

对患者进行进一步检查或持续监测的意义在于，医生能够快速确定患者是否存在比初始诊断更加严重的问题。医生对患者的初始诊断主要来自那些显而易见的症状。但是，有经验的医生知道，这些症状也有可能是由更加严重的疾病引起的。医生往往需要采用其他治疗方法来应对这些更为严重的疾病。有时，患者的病情非常严重，几个小时的救治时间就会造成生与死或者完全康复与永久性损伤这样天差地别的结果。

例如，有一位母亲带着她十一二岁的儿子来到急诊室就诊，小男孩儿发烧到102华氏度（约38.9摄氏度）并伴有头痛和呕吐的症状。这最有可能是流感的症状，不是特别紧急。通常，治疗流感的方法是卧床休息和大量饮水。因此，当急诊室很忙碌时，流感患者通常需要等待较长时间，直到急诊室医生处置完病情更为紧急的患者，才能得到治疗。

如果再增加一个症状，那么治疗方案可能就会完全改变。如果在急诊室候诊的患者除了有流感症状，还抱怨颈部僵硬疼痛，那么该患者可能存在脊髓性脑膜炎的风险。如果不能及时得到治疗，该患者的生命可能就会受到威胁。此时，急诊室医生会立即给患者做腰椎穿刺（也被称为脊椎穿刺），并对脊椎中的脊髓液进行化验。急诊室医生需要检查患者的脊髓液中是否有引起脊髓性脑膜炎的微生物。如果是细菌感染，那么医生需要立即使用抗生素进行治疗。在患者感染细菌性脑膜炎的情况下，几个小时内是否得到治疗意味着挽救或失去一条生命。

需要记住的重点是：相较于初始症状，一名合格的医生通常知道他应该检查患者是否具有其他症状，进而判断该患者的病情是否存在恶化的风险。当患者的症状或检查结果表明患者的病情更严重时，医生也会非常迅速地做出反应并进行适当的治疗。一名合格的医生并不会对犯错感到恐惧，而是会寻找一切可能犯错的迹象，及时对那些患有更严重疾病的患者进行治疗，帮助这些患者康复。

专注于决策的过程，而非结果

由于医疗诊断和治疗具有不确定性，急诊室医生面临的困难之一是：医生即使正确地做了每一件事，患者仍然可能死亡或遭受永久性损伤。

"专注于决策的过程，而非结果"是一种重要的观点，即从专注于无法控制的部分转变为专注于可以通过纪律和严格的先验思想来控制的部分。所有其他规则都隐含在这个规则之中。

——布鲁斯·提兹

有时，医生可能需要通过做高风险的手术来挽救患者的生命。医生会权衡手术和保守治疗的风险。如果手术能够提高患者的存活率，或患者的情况非常紧急，医生就会为患者安排手术。

即使医生根据最可靠的信息做出了最正确的决定，患者依然有可能死亡。一名合格的医生不是根据结果本身，而是根据结果本身的相对概率来评估决定的好坏。即使手术的结果是患者死亡，也并不意味着做手术是一个错误的决定。同理，在某些情况下，即使手术取得了成功，患者也本不应该进行手术。

如果急诊室医生根据结果来评估他们的决定，就可能导致治疗方案出现偏差。例如，某个手术的死亡率为 10%，这意味着在接受手术的患者中有 10% 会死亡，这是一个有风险的手术。假设有一名受伤的患者，在不进行手术的情况下，他的死亡率为 60%。此时，正确的做法是为这名患者进行手术，因为他接受手术的存活率是不接受手术的 6 倍。然而，即使一名急诊室医生为患者做了手术且在手术过程中没有出现失误，患者依然有可能死亡。但是，这并没有改变这样一个事实，即在没有任何新信息的情况下，进行手术的决定是正确的。

当不好的结果出现时，我们经常会自我怀疑。然而，有些时候不管我们做什么，坏事都会发生。

——泰德·帕特雷

由于诊断和治疗具有内在的不确定性，这意味着在很多时候，正确的治疗也会出现不好的结果。通常，合格的医生对这一点有充分的认识。即使医生在职业生涯中遇到过正确的诊断和治疗却造成失败结果的病例，也会继续为患者提供当前条件下最优的治疗方案。

在接下来的第 7 章中，我将会更加详细地讨论风险管理的七条法则。具体来说，我将根据对交易者、企业家以及急诊室医生的综合了解来向大家进一步阐释这七条法则。阅读这些章节，你将会了解从事这些职业的人是如何应对不确定性与风险的，他们在应对不确定性与风险时又有哪些共同看法。

7

恐惧——思维的杀手

我决不能害怕。
恐惧会扼杀思维能力，
是潜伏的死神，
会彻底毁灭一个人。
我要容忍它，
让它掠过我的心头，穿越我的身心。

——弗兰克·赫伯特，《沙丘》

为了这次飞行，我已经足足等了一个月。连续三个星期六，我和我的朋友泰森·兰登在驱车一个小时到达机场后，却被告知不能飞行。无论怎样，这里的风对初学者来说都太大了。

最后，当我们在第四个周六等待大风平息时，教练告诉我们，我们两人中有一人可以飞行。泰森说他不太想飞行了，所以这次飞行的机会就给了我。我们的飞机是一架塞斯纳206型飞机，它是一架有顶翼和固定起落架的六座小型飞机，正是我们梦想的交通工具。我想通过这架飞机来完成跳伞学习。在十几岁的时候，我就列了一份非正式的清单，这个清单上面有我一生最想做的疯狂的事情。早些年，我已经完成了其中一些事情。在这个2001年的冬天，我准备去体验跳伞。

我的朋友艾伦告诉我，他每个周末都会在跳伞降落区露营。艾伦是一名跳伞教练，他单独完成过大约9 000次跳伞。在帕洛阿尔托市，距离我家两个街区远的地方有一个叫戈登·比奇的小型啤酒厂。过去我常常于星期三晚上在那里见到艾伦和他的跳伞爱好者伙伴们。接下来的一年多时间里，我一直在听他们谈论关于跳伞的事情。于是，我决定加入他们。

跳伞听起来似乎很有趣。在等待天气变好的时候，泰森和我观看了很多关于跳伞的视频。最有意思的是，那些人在高空中飘浮着并做着看起来像三维舞蹈的动作。我后来了解到这是一种叫作自由飞行的跳伞形式。他们中的一些人甚至可以倒立着自由飞行。这样看起来，他们实际上是在利用自己的身体进行飞行。我想尝试一下这种自由飞行，就像一只鸟一样，即使是一只体重很重但翅膀很小的鸟。在我们得到跳伞许可之前，我有足够的时间想象自己像一只鸟一样在天空中飞翔。

我穿上了一件学员跳伞衣并系上了背带。我没有单独的降落伞，因为我所有跳过伞的朋友都建议我在第一次跳伞时选择双人跳伞。在进行双人跳伞时，教练和我会绑在同一个降落伞上。教练负责飞行，而我只是一名乘客。我的教练是一名女性，她的身高大约比我矮 6 英寸[1]，体重大约比我轻 70 磅[2]。

我的体重大于 200 磅，这对她来说算是一项艰巨的任务。为了安全打开降落伞，我们两人必须保持一个稳定的非旋转姿态。如果我们在处于旋转姿态时打开降落伞，就可能会被降落伞绳缠住。为了避免被绳子缠住，教练示意我将双手和双臂伸向远处并且拱起背部，这样可以更好地保证我们两个人的安全。

我曾经驾驶或辅助驾驶小型飞机飞行过大约 1 000 小时。我知道如何驾驶塞斯纳 172 型飞机。由于塞斯纳 206 型飞机与塞斯纳 172 型飞机属于同一个系列，所以我可以非常自如地驾驶它起飞与爬升。我对这次跳伞感到非常兴奋。在我们的飞机接近 10 500 英尺的跳伞高度时，教练走过来将我们两人的安全带锁在了一起。就这样，教练和我被牢固的尼龙带与大号不锈钢安全锁紧紧地绑在了一起。

此时，机舱外面的风速为每小时 120 英里。当飞机的舱门被打开时，巨大的风声让我逐渐恐惧起来。尽管我事先得到过提示，但是提示似乎并没有起到什么作用。是的，我被这突如其来的风声吓坏了。这次飞行并不是普通的驾驶小型飞机飞行，它与我以往进行的几百次飞行都不同，这次我需要从飞机上跳下去。在从飞机上跳下去之前，为了确保双脚不被机轮缠住，我的任务是将双脚放在飞机机轮旁边的小型铝制踏板上。在地面上这项任务是

1　1 英寸 =2.54 厘米。——编者注

2　1 磅 ≈0.45 千克。——编者注

很容易完成的。但是，我很快发现将双脚伸进时速 120 英里的风中并不像看起来那么简单。大风让我不得不消耗大量的体力将双脚准确地放在原本想要踩踏的地方。

与此同时，我发现了另外一个问题——我严重恐高。小时候，当我的哥哥与妹妹在小镇集市爬上大滑梯时，我因为实在不敢爬，只能坐在一边。即使是现在，我也非常讨厌登观景塔，因为它们的楼梯通常是开放式的。每当站在悬崖边或者从高高的阳台往下看时，我都会有一种强烈的恐惧感。因此，当我透过敞开的舱门向地面望去时，我原始的恐惧感被触发了。但是无论如何，我还是决定从这里跳下去。

教练可能见过许多吓坏了的高空跳伞初学者，她选择为我提供助力，将我推出舱门。一瞬间，我感到了一股强大的推力。随后，我们就一头栽进了高空的狂风中，不停地翻滚。几秒钟后，我们的身体开始逐渐平稳。在接下来的 60 秒内，我看到地面离我越来越近。在整个降落的过程中，我一直在想一件事——跳伞真是一件令人感到兴奋的事情！在此之前，我从来没有伴随着如此强大的重力作用观察过地面。在下降的过程中，巨大的风声始终敲击着我的耳膜。在强风的作用力下，我们好像飘浮在空中一样。

如果以上就是故事的全部，那么本章关于恐惧的内容对全书来说就没有太多意义了。这个故事的重点是什么呢？从飞机上跳下来让我感到很恐惧。大多数人会认为这是一个相当正常的反应，没有什么可担心的。但是，事情并没有就此结束。在那短短的 60 秒内，跳伞带来的坠落的感觉激起了我心中的某些东西。我想自己再单独跳一次，我被跳伞这件事迷住了。尽管如何迈出舱门对我来说都是一个问题。不得不承认，我还是很害怕再次面对那样的场景。

直面恐惧

既然我想做这件事，那就逼自己一次。为了获得跳伞执照，我报名学习跳伞课程，并且预先支付了学费。我还找了另外一个朋友和我一起报名。我们不得不在周六一大早就来学习全天的一级跳伞课程，也就是跳伞入门课程。在学习时，我需要背着自己的降落伞，在两名教练的陪同下跳离飞机。两名教练会确保我找到稳定的身体姿态并成功打开降落伞。在那之后，我的任务就是控制降落伞到达着陆区域，并确保自己不会撞到地面上的任何人或者障碍物，如建筑物、电缆等。

在进行第二次跳伞学习时，我第一次尝试了单人跳伞。这次，我乘坐的是一架更大的飞机。这是一架德哈维兰双水獭式飞机，在它大型机翼的下方有两个大型涡轮螺旋桨发动机。机身常规的铝制舱门被一扇卷入式舱门替代，在飞行的过程中，飞机就像卷盖式书桌一样，可以随时打开和关闭。在机身外侧，距离舱门上方 6 英寸的地方还有一根不锈钢钢条。这根不锈钢钢条是一个把手。很多跳伞者可以扶着这个把手，然后跳离飞机。对于编队飞行来说，这个把手是很方便的，因为它最多可以让 8 名跳伞者同时跳离飞机。

教练示意我爬出舱门，站在飞机外侧，然后等待两名教练出现在我身边。在每小时120英里的狂风的呼啸声中，我们是听不到彼此的声音的。所以，我被指示分别看向两位教练并向他们点头示意，让他们知道我已准备就绪。然后，我们三个人一起弯腰，用膝盖弯曲向对方表达我们已经准备好倒计时了。第一次膝盖弯曲表示数字"1"，第二次膝盖弯曲表示数字"2"。当我们一起完成第三次膝盖弯曲时，我们同时松手并跳下飞机。

在我跳离飞机的一瞬间，我就意识到气流比我第一次搭乘塞斯纳206型飞机跳伞时遇到的要强得多。由于这架双水獭式飞机的左引擎位于舱门的正前方，所以除了能感受到强大的气流，我还能听到飞机引擎和螺旋桨发出的巨大声响。这又增加了我的焦虑感。我并不是因为预感到危险而恐惧，而是太多全新的感受与我原本的经验截然不同，这种前所未有的新鲜感令我感到很焦虑。

这些突如其来的感受让我意识到，我要保持冷静，镇定下来。跳伞运动可不是什么游乐园的游乐项目。我的生命安全取决于我在跳伞过程中的表现。

当我们跳离飞机，逐渐降落后，我的焦虑感开始减轻。我拉开绳子，像滑翔机一样滑行，最后降落在指定区域。大部分现代降落伞都是冲压式翼型伞，它们飞起来时很像滑翔伞。作为一名私人飞行员，使用这种降落伞让我感到非常舒服，因为飞行与着陆的感受与驾驶小型飞机有很多相似之处。

接下来的一个月，为了获得跳伞执照，我完成了美国跳伞协会规定的八节跳伞课程。我完成的跳伞课程越来越多，我在跳离飞机时的焦虑感也越来越低。

但是，第七节跳伞课程对我来说是个例外。在之前的跳伞课程中，我可以缓慢爬出舱门，再跳离飞机。但是，这次我需要以头部朝下，双臂伸向空中的姿势跳离飞机，就像我们跳进游泳池那样。如何在高空中摆出这样的姿势并跳离飞机，对我来说是一个挑战。在我上第一节跳伞课时，我就被告知了所有课程的内容。因为我讨厌跳离飞机这一步，这让我对第七次跳伞课程的恐惧感不断增加。

当我们坐上飞机后，我意识到，完成这次跳伞的唯一方法就是勇敢地从飞机上跳下去。轮到我的时候，我用双手扶住舱门的两侧，努力用双腿的力量将头部推入时速120英里的狂风中。我发现，头部朝下的跳跃实际上更容易一些，因为这样可以更快地将自己从飞机周围的气流中抽离，这让我似乎从一开始就可以稳定地飞行。之前的恐惧与焦虑似乎荡然无存了。

那次跳伞之后，我的恐惧与焦虑就彻底消失了。当我经历了最让我感到恐惧的事情后，我发现其实它并没有想象中那么可怕。也就是说，我已经可以克服自己的恐惧了。

我认为克服恐惧和其他强烈情绪是最重要的。我之所以这么说，是因为你只能根据自己的信念进行交易。在像恐惧这样的强烈情绪面前，信念是很容易被摧毁的。在恐惧或者任何其他强烈情绪的冲击下，如果没有专业人士的帮助，你就很难坚持自己原有的交易规则和信念。

——范·撒普博士，交易导师，畅销书
《通向财务自由之路》作者

恐惧心理

在七条风险管理法则中，"克服恐惧"是第一条。对那些想要了解该法则的人来说，我在跳伞过程中所经历的恐惧应该对他们有所启发。当不确定性与风险出现时，人们会感受到恐惧，这种恐惧会令人变得脆弱。当受到威胁时，人们也会感受到恐惧。这两种恐惧有点儿类似。对大多数现代人来说，不确定性与风险就像树枝折断一样会触发一系列原始的生理反应，进而引发一种与焦虑相关的高度警觉的心理状态。有时候，这种焦虑状态也会引发强烈的恐慌。

这种令人精神脆弱的恐惧会让人难以清晰地思考。对那些致力于成为成功的交易者、企业家、急诊室医生的人来说，克服恐惧是非常重要的，因为恐惧和焦虑会影响正常的判断。当风险和不确定性出现时，恐惧和焦虑是非常常见的反应。但是，当不确定性出现时，如果你想要获得成功，你就要学会适应并努力战胜这种恐惧。

对容易焦虑和恐惧的人来说，这似乎是一个难以跨越的巨大障碍。幸运的是，很多人已经能够克服他们在交易时产生的焦虑。我们在交易中吸取的教训也同样适用于商业与急救医学领域。2006年，临床心理学家兼交易者布雷特·斯蒂恩博格博士曾在约翰威立国际出版公司出版过一本名为《投资交易心理分析》的书。在这本书中，有一章名为"情绪与交易：了解焦虑"。在这一章中，布雷特·斯蒂恩博格博士对"交易中的不确定性与风险引起的焦虑感"进行了论述，大致如下：

由于交易涉及在不确定的环境中承担风险，所以它必然是一项情感与智力相结合的活动。现在，让我们来看看与焦虑相关的一系列情感体验。这些情感体验包括情绪紧张、气氛紧张、心理紧张、恐惧以及焦虑。这些情感体验可以代表人们面对威胁时的反应。同时，作为"要么逃跑，要么战斗"的一部分，这些情感体验也可以帮助我们处理一些危险的状况。

当令人感到焦虑的事情发生时，没有两个交易者会以相同的方式感受焦虑。对一些人来说，这主要是一种认知现象，思维开始变得活跃，并逐渐感到焦虑。对另一些人来说，认知的部分会与生理表现结合，他们会感到心跳加速、肌肉紧张、呼吸急促等。

焦虑代表一种适应性的行为模式，这种行为模式会促使我们采取行动，要么逃跑，要么战斗。在感受到焦虑时，大脑的血液会流动到负责行动的区域，却绕开额叶皮质，即做计划、判断及进行理性思考的区域。出于上述原因，我们会在焦虑的状况下做出一些决策。但是，当我们处于冷静、从容、深思熟虑的状态时，我们并不会做出这些决策。

斯蒂恩博格博士向我们展示了焦虑的双重反应。通常，每个人对焦虑的反应是由生理感觉引发的本能反应与意识形态引发的意识反应共同组成的。关于引起焦虑的原因，让我们看看斯蒂恩博格博士是如何论述的：

值得注意的是，焦虑是人们对感知到的威胁的一种反应。这些威胁可能是真实存在的，也可能是由我们消极的思维杜撰出来的。引起这种焦虑的原因可能不仅仅来自现实，还可能是人们根据现实情况而做出的种种解释。这些现实原因与解释会影响人们的反应，使人们做出立刻逃离现场或者继续留在原地的决策。

对正在经历焦虑的交易者来说，他们会遇到两个直接的挑战。第一，他们需要明确焦虑的表现形式；第二，他们需要判断造成这些焦虑的主要原因是真实存在的还是自己臆想出来的。了解焦虑者独有的焦虑表现形式是非常重要的。如果交易者充分了解自身的焦虑表现形式，那么他们就能及时中断自己混乱的思维，并尽早恢复正常的认知状态。

因此，在不确定的情况下，我们的焦虑主要来自两个不同的方面。由于结果本身是不确定的，所以人们内心面对的威胁是非常真实的。这些感知到的威胁也许是造成人们焦虑的绝大部分原因。同时，感知到的威胁也取决于个人是如何看待实际威胁的。如果你能改变认知环境中的威胁因素，你就能改变对威胁的认知，减轻焦虑。

一开始，你对不确定性会产生过强或过弱的恐惧，这是因为你缺乏足够的背景来建立恰当的反应模型。当你还没有经历恐惧时，你对威胁和危险的感知只能基于那些你听到的故事，以及由新的未知的刺激引起的原始情绪。对一些人来说，虽然他们在最开始的时候并没有感到非常恐惧，但是在意外发生之后或者差点儿发生之后，他们可能会重新对自己之前漫不经心的态度进行评估；对另一些人来说，他们对恐惧的感觉太强烈，以至无法让自己保持理性。

当我对跳离飞机这件事熟练之后，我就不那么焦虑了。我在第一次跳伞的时候，很难确定这些规则中的哪一个是最重要的。所以，我不得不将它们都视为重要的，直到我有足够的经验来做出自己的评估和判断。例如，最初，我担心跳伞时绳索会缠绕在身上，后来，我在自由落体的过程中越来越稳定，以至再也不用担心这方面的问题。无论如何，它都不再是引起焦虑的原因。

缩小恐惧范围

不确定性导致恐惧和焦虑的原因可以分为三种类型：

新奇焦虑：由不熟悉的人、环境或者挑战导致的焦虑。

非理性焦虑：由超出理性范畴的情绪反应和恐惧引起的焦虑。

内在威胁焦虑：由超出理性范畴的威胁引起的焦虑。

风险管理的第一条法则是缩小你的恐惧范围，让你的恐惧只包含那些由不确定性引起的理性反应。为了做到这一点，你需要尽量减少或消除可能存在的新奇焦虑和非理性焦虑。之后，如果你感受到的焦虑全部来自实际威胁，那么你可以通过正确的练习尽量减少实际威胁对决策过程的影响。

减少新奇焦虑

新奇焦虑是最容易得到缓解的一种焦虑类型。新奇焦虑是不熟悉的人、环境或者挑战造成的焦虑。继续做那些让你感到焦虑的事情，当你熟悉并且胜任一项新任务或适应一个新环境后，这种焦虑就会消失。

在那些焦虑可能导致你面临危险的领域，你通常需要在教练的指导下完成任务。当初学者感到害怕时，他们常常会犯一些错误，而教练通常对这些错误很熟悉。在跳伞运动中，教练认为初学者产生的焦虑情绪是有益的。当初学者感到高度焦虑，表现不好时，教练可以帮助他们反复练习，提升技能，这就是初次跳伞训练的目的。这种新奇焦虑逐渐得到缓解后，跳伞者就能胜任越来越多的任务，同时其焦虑感也会越来越少。

在学习交易的过程中，你要确保自己不会因为在学习过程中犯错而损失所有资金。有些人从模拟交易开始，使用纸质或者电子表格跟踪记录他们的交易，并根据理论计算他们可以赚到多少钱。交易机制通常会让初学者产生新奇焦虑，而模拟练习可以帮助他们有效缓解这种焦虑。但是，模拟交易并不适用于情绪练习。

在真实的市场中进行交易是无可替代的，因为人们会在交易中面对亏损的风险。外汇交易市场等新兴市场是初学者练习交易的好地方，这些市场的风险通常较小，不会损失大量资金。在这些市场进行交易是一种更加接近实战的练习，即使只有很少的盈利或亏损，它也可以帮助你了解自己在面对风险和不确定性时的情绪反应。

新奇焦虑也是医生在正式上岗前要接受住院医师规范化培训的原因之一。在住院医师规范化培训中，经验丰富的教学医生会对新手医生进行指导。起初，新手医生会受到非常密切的关注。然后，随着时间的推移，新手医生的焦虑感会逐渐减少，教学医生对新手医生的直接指导也会逐渐减少。经验丰富的医生在场有助于减少新手医生的新奇焦虑，避免病人因为新手医生操作不熟练而陷入危险。

缓解非理性焦虑

缓解非理性焦虑是较为困难的一件事。幸运的是，对那些想要缓解由风险与不确定性因素引起的焦虑的人来说，很多关于心理恐惧症的研究是很有帮助的。恐惧症是一种对恐惧的非自然反应。恐惧症中的"恐惧"指的是那些完全不构成危险或只构成轻微危险的事物或场景，但是这些事物或场景的危险性往往会被恐惧症患者放大。恐惧症患者通常能意识到自己的恐惧是不合理的，这些患者也会寻求专业的心理治疗。多年来，心理学家已经研究出了许多治疗恐惧症的方法。其中，系统脱敏疗法（也称渐进式暴露疗法）和满灌疗法是两种较为知名的治疗恐惧症的方法。

系统脱敏疗法。在进行系统脱敏治疗的过程中，医生会让患者循序渐进地暴露在引起他们恐惧的事物中，直到他们不再害怕这些事物为止。假设一个恐惧症患者对蜘蛛有一种非理性的恐惧，即使那些蜘蛛是没有毒的，他也仍然很害怕。在治疗的过程中，恐惧症患者会学习认知应对技能，认知应对技能可以让患者自如应对更多与蜘蛛共处一室的情况。这样做是很有必要的，因为恐惧症患者在初期并没有足够的方法对他们的恐惧进行控制。系统脱敏疗法的目的是培养恐惧症患者的认知应对技能，以帮助患者彻底克服他们的非理性恐惧。

当恐惧症患者掌握认知应对技能后，他们会接触越来越多可怕的蜘蛛。首先，医生可能会给恐惧症患者展示一些蜘蛛的图片，这是第一次暴露治疗。然后，等这些患者适应图片后，他们可能会被要求与一只被围栏围起来的活蜘蛛待在同一个房间。根据恐惧症患者的实际情况，医生可能会在围栏里增加更多蜘蛛，这是第二次暴露治疗。最后，患者可能会接触活蜘蛛。经过两次暴露治疗，患者的认知应对技能会被提高到一定的水平，这种水平可以让患者成功适应接下来的连续暴露治疗。

满灌疗法。满灌疗法是一种通过压倒情绪反应机制来治疗恐惧症的方法。满灌疗法并不涉及培养认知应对技能。满灌疗法的基本原理是人的身体不可能永远处于焦虑的状态。通过对身体进行会引起恐惧的刺激，恐惧症患者最终会再次感受到平静，他们也会意识到，导致他们恐惧的因素其实并没有那么可怕。随后，患者可能会将一种平静的感觉与之前令自己感到害怕的事物联系到一起。

应对不确定性引起的恐惧

对那些不敢冒险、害怕不确定性的人来说，上述两种疗法是具有指导意义的。通过让患者渐进地暴露在引起恐惧的事物和场所中，系统脱敏疗法不仅可以让患者具有认知应对技能，也可以缓解患者的焦虑。通过让患者反复暴露在引起恐惧的事物和场所中，可以减轻那些恐惧因素的影响。在治疗恐惧症的过程中，这两种疗法在练习与实践方面都有相当好的效果。

在《投资交易心理分析》的另一章中，布雷特·斯蒂恩博格谈到了自己是如何帮助一位名为约翰的假想交易者的。由于压力和风险都在不断增加，约翰很难在盈利的时候扩大他的交易资金规模。假如约翰成功交易了较小规模的资金，如一份黄金合约，那么约翰交易更多合约的话，他就会赚到更多钱，但他也会因此而感到恐惧。

以下是布雷特的评论：

你不能快速改变一种模式，除非你在实时监控这种模式。谈论一个问题本身并不能解决问题。人们可以从新的经验中学到一些东西。随着交易资金规模的扩大，约翰也会变得从容自在，而不是只能不停地谈论他的不安全感。因此，我可能会让约翰先在模拟交易中进行一些较大规模的交易。在进行模拟交易时，我会教他一些有助于保持冷静与专注的基本方法和技能，并且鼓励他在进行模拟交易时使用这些方法和技能。如果一切顺利的话，我就会将他的交易规模扩大一个等级，并让他进行实盘交易。在进行实盘交易时，我也会鼓励他使用已经掌握的方法和技能。只有当这一切进展顺利的时候，我们才会逐步将约翰的交易规模扩大至下一个等级，再下一个等级，甚至更大规模的等级。在这个过程中，他会不断将这些成功的经验内化。随着时间的推移，他就会认为自己是一个可以管理更大规模交易的交易者。

无论你是在处理交易问题、婚姻纠纷问题还是恐高问题，这些方法都是适用的。当你找到你想改变的东西并为此付出努力时，你的工作也会获得成功。无论是作为一名交易者还是一个普通人，制定解决问题的方案而不是讨论问题本身都是一种提升自己的有效方式。

值得注意的是，布雷特案例中使用的方法与蜘蛛恐惧症患者案例中使用的系统脱敏疗法是非常相似的。布雷特会让存在恐惧问题的交易者循序渐进地接触越来越多让他们感到恐惧的交易，直到他们感到舒适为止。布雷特认为，交易中非理性恐惧的解决方法与恐惧症的治疗方法有点儿类似。这是因为，当我们考虑风险时，无论我们的非理性恐惧指向的是真实存在的事物，还是来自大脑臆想的某些东西，我们的内在恐惧机制都是相同的。

要记住一件重要的事，即我们可以通过训练与练习来克服非理性恐惧。慢慢增加自己对恐惧的事物的接触，就能够慢慢克服恐惧。

思维杀手

消除非理性恐惧之所以这么重要，是因为恐惧会影响决策过程。当恐惧达到某个阈值时，就会成为思维的杀手。恐惧不仅会让你极度关注自己的感觉，也会抑制理性思考的能力。此外，恐惧不仅会让人们避开理性思考，也会让人们承担本应通过理性思考避免的风险。

非理性恐惧常常会让那些原本非常聪明的人无法管理自己的财务。当人们为自己的退休金选择投资产品时，一些人会向所谓的专业人士寻求建议，因为他们对决策中固有的不确定性感到恐惧。一些人会因恐惧做出一个"安全的"决策。有些人在数年间进行了数千或数十万美元的投资，如果他们选择了这种"安全的"决策，那么他们只能获得较低的投资回报。

股票在上涨多年后开始下跌时，非理性恐惧会让人们不愿意抛售股票。股票在下跌多年后开始上涨时，非理性恐惧也会让人们不愿意购买股票。

非理性恐惧是从众效应产生的原因。一些人认为，脱颖而出是一件有风险的事情。如果这样认为,你就错了。每个人都知道，加入一家好公司，顺应潮流以及亡羊补牢都是更好的选择。

非理性恐惧会促使普通投资者在牛市末期进行投资。此时，投资回报最低，而投资风险最大。一开始，投资者会对亏损感到恐惧，因而远离市场。当投资者看到他们的朋友通过投资赚了钱后，他们又害怕失去这些看起来轻轻松松就能赚到的钱。最后，当市场发生反转，股票价格下跌后，他们又因为害怕股票价格继续下跌而卖出股票，因为他们错误地期待价格会回到之前的高点。

对一些人来说，令他们感到恐惧的事情比其他人少，克服恐惧比较容易。但是大部分人天生就容易感到恐惧。如果恐惧影响了你，那么我希望我练习跳伞的故事以及在这个故事中得出的结论会对你有帮助。

在经过八九次跳伞之后，我发现我不再害怕跳离飞机了。恐惧消失后，我开始注意更多事物。我开始注意下方地面降落区的位置，注意云彩和那些在我之前跳离飞机的跳伞者，注意风吹在身上的感觉。因为能够注意到这些，我成了一个更安全的跳伞者。我不太可能在不经意间撞到另一位跳伞者，这是一件非常危险的事情。我也不太可能在远离降落区的地方降落，降落在山丘或岩石地带可是会受伤的。

跳伞给我带来了更多乐趣。事实上，当我又跳了几次之后，我发现，头朝下跳离飞机是我在这项运动中最喜欢的部分。通过直面恐惧，我把恐惧变成了乐趣。我也有了面对和克服恐惧的信心。

所以，你要直面恐惧，直视它们的眼睛，盯着它们。不能让它们控制你，你要克服它们。

8

适者生存

> 水因地而制流,兵因敌而制胜。故兵无常势,水无常形。能因敌变化而取胜者,谓之神。
>
> ——孙武,《孙子兵法》

在风险管理的七条法则中,保持灵活是最重要的。如果你不知道未来会发生什么,那么你必须做好准备,迎接未来带给你的期望之外的东西。无论怎么强调这一点都不过分。

仅仅有一个灵活的计划是不够的,你还必须在实施计划的过程中保持灵活。这意味着不要将自己逼入绝境,也不要在任何情况下忽略选择的可能性。保持灵活与具有灵活性一样重要。请记住,管理不确定性的关键是为可能发生的事情做好准备。当你期待一个特定的结果时,如果现实与你期待的结果不同你却无能为力,那么你所承受的后果将比保持灵活并应对新情况要严重得多。

保持灵活可以让人们更好地适应不断变化的情况,进而做出更好的反应。在快速变化和创新的时代，保持灵活显得尤为重要。

灵活性驱动创新

如果一个人想要知道美国工业在20世纪占据世界主导地位的核心原因，那么答案一定是美国在创新方面大获成功。电话、电灯、留声机、电影摄像机、飞机、晶体管、集成电路、大型计算机、个人电脑及互联网都是在美国发明、发展并逐渐实现工业化的。

美国科技取得成功最重要的原因并不在于发明家，而在于美国的创新文化，以及支持这种创新文化的创业融资系统的巨大灵活性。

美国是一个由拓荒者和移民组成的国家，美国人愿意为自己和自己的后代过上更好的生活冒一切风险。即使在今天，依然有成千上万来自世界各地的人想要到美国改善自己的生活。那些愿意努力工作，追求经济独立的移民，几乎可以被定义为冒险者——无所畏惧、敢于冒险、忠于疯狂。这些移民的精神是一种深思熟虑的冒险精神，这种精神体现在美国的文化、政治以及商业中。

通用汽车公司与福特汽车公司的故事

美国的商业史中最有趣的故事之一是关于20世纪两大汽车竞争对手的，它们是福特汽车公司与通用汽车公司。

很多人都知道亨利·福特的故事，他是伟大的工业创新者和福特汽车公司的创始人。他发明了支持批量生产的流水线系统，该系统已经在全世界的工厂中占据了主导地位。福特还发明了 T 型汽车，这是自汽车诞生以来的 50 年里最畅销的汽车型号。福特 T 型汽车在 1909 年投入生产后的 18 年里，销量超过 1 600 万辆。直到 1973 年，大众甲壳虫汽车的总销量才超过福特 T 型汽车。

仅在 1924 年一年的时间里，福特汽车公司就销售了大约 200 万辆 T 型汽车，这一销量占据了当年整个汽车市场至少 60% 的销售份额。但是，这种成功并没有持续下去。1924 年，福特汽车公司的市场份额急剧下降。1927 年，当福特汽车公司停止生产 T 型汽车时，其销量已经降至每年 40 万辆以下，而这一销量只占当时市场份额的 13.2%。在短短三年时间里，福特汽车的销量就下降了 80%。通用汽车公司的崛起是造成福特汽车公司销售数据惨淡的主要原因。

虽然大多数人都知道福特 T 型汽车的故事，但是通用汽车公司在阿尔弗雷德·P. 斯隆的领导下超越福特汽车公司的故事却鲜为人知。阿尔弗雷德·P. 斯隆是管理实践领域的主要创新者之一。20 世纪 20 年代，他敏锐的战略洞察力是使通用汽车公司超越福特汽车公司成为全球最大的汽车制造商的关键。

1921 年，斯隆接手了一家公司。这家公司是由通用汽车公司创始人威廉·杜兰特收购的，它由多家汽车公司合并而成，包括雪佛兰、奥克兰、别克、奥兹莫比尔以及凯迪拉克。斯隆简化了经营结构并将不同子品牌的定位进行了区分，这样每个子品牌就可以针对不同消费群体生产不同价位的汽车。雪佛兰的定位是平价汽车并且和福特汽车直接竞争，奥克兰（后来改名庞蒂亚克）则定位为中等价位的汽车，紧接着是别克、奥兹莫比尔，最后，豪华汽车将由凯迪拉克生产。

然而，亨利·福特的汽车只有一个型号，即T型汽车。自1908年福特开始生产以来，这个型号的汽车基本没有什么改变。在斯隆的领导下，通用汽车公司有了几十种不同的车型，每种车型的价格都不同，设计和造型也不同。

但是，斯隆并没有就此打住。汽车行业正在迅速创新发展。1922年是斯隆管理通用汽车公司的第一年。同年，低压轮胎问世了。低压轮胎比以前使用的实心橡胶轮胎更加柔软，这种轮胎现在被称为现代充气轮胎。液压刹车、独立前悬架、挡风玻璃、真空辅助刹车、万向节、减震器等许多现代社会习以为常的汽车零部件都是在斯隆管理通用汽车公司的头10年里发明的。

斯隆制定了每年升级创新的标准，从那以后这成了汽车行业的标准。每年工厂都会关闭几个星期，因为当年的创新技术会被应用到每种车型中。最先进的创新技术会首先应用在凯迪拉克和奥兹莫比尔等高端车型上。随着技术的发展和生产成本的降低，创新技术的应用门槛也随之降低，随后它们会被应用在价格更低的庞蒂亚克和雪佛兰等车型上。

20世纪20年代，通用汽车公司开始超越福特汽车公司。亨利·福特意识到，T型汽车的时代结束了，福特汽车公司需要生产新的车型。即便如此，斯隆使用的更加灵活的方法依然具有很多明显的优势。由于通用汽车公司的工厂每年都要升级生产流程，所以工厂本身的设计也考虑到了灵活性。装配线预留了足够的空间，所以当新机器需要更多空间时，那些预留的空间就可以派上用场了。然而，福特汽车公司为生产 T 型汽车的后续——A 型汽车建造了巨大的胭脂河工厂。在胭脂河工厂，想给装配线增加新的机器以更新汽车功能是较难实现的。这家工厂无法像通用汽车公司的工厂那样支持大规模的年度技术升级。

斯隆想法的先进性在今天看来也是非常明显的。斯隆意识到通用汽车公司无法精准地预测哪些功能或车型在未来将会取得成功。在某种程度上，每一个子品牌和每一种车型都代表一次独立的试验。对那些畅销车型来说，它们将会得到更多的生产资源。对那些容易出现故障的单一车型来说，它们也不会使通用汽车公司陷入危机。通过提供不同价位和不同造型的汽车，通用汽车公司得以超越福特汽车公司，成为世界上最大的汽车制造商。通用汽车公司将这一纪录保持了 77 年之久。

直到 20 世纪 70 年代，通用汽车公司才失去其领先地位，因为通用汽车公司放弃了它曾经的代表性特征——灵活性。如今你会发现，别克和奥兹莫比尔几乎是一模一样的。曾经造就通用汽车公司的探索精神和创新精神已不复存在。

保持灵活

在汽车行业广泛创新的时期，斯隆推出的那些创新管理措施及其背后的核心理念，让通用汽车公司保持了极强的灵活性。这种灵活性是通用汽车公司迅速超越福特汽车公司的关键。相较而言，福特将公司的赌注押在了单一的 T 型汽车上，并在 1924—1927 年的短短几年间失去了 80% 的市场份额。福特没有从这个错误中吸取教训，而是再次推出了单一车型——A 型汽车。虽然这款车型卖得很好，但福特再也不是最大的汽车供应商了。灵活的公司打败了僵化的公司。

你可以从通用汽车公司早期的经验中学到保持灵活背后的关键原则。当你不知道未来可能会发生什么或哪种方法最有效时，你就应该效仿斯隆的办法：

试验。尝试很多种方法比只尝试一两种方法要好。

差异化。尝试差异大的方法比尝试只有细微差异的方法要好。

适应。从有效的方法中总结经验，在试验取得成功后，就可以继续改变、调整你的策略。

有机组织。未来可能会发生一些无法预料的事情，你需要确保你的计划包含可以解决这些问题的方案。

试验

有时，你需要选择并且坚持某条路，同时永远也不要偏离那条路。然而，在大多数情况下，你并不知道未来会发生什么，所以这并不是一个明智的做法。尝试多种方法是一个更好的选择。通用汽车公司生产的每种型号的汽车都是一次试验，而销售数据就是这些试验的结果。斯隆不知道哪款车型会在哪个年份畅销，因此他把决定权交给市场。这样，无论当前潮流如何，他都会确保通用汽车公司推出一款吸引买家的车型。

然而，试验并不一定意味着人们需要在设计研发与市场研究方面花费大量时间。让我们思考汽车行业的另一个故事：李·艾柯卡和敞篷车复兴的故事。

1983 年，李·艾柯卡正在经营福特汽车公司的竞争对手克莱斯勒汽车公司。在被亨利·福特二世解雇之前，李·艾柯卡曾是福特汽车公司一位成功的总裁。艾柯卡为福特汽车公司做了很多贡献，包括推出福特野马。艾柯卡认为克莱斯勒汽车公司需要一些令人兴奋的事情，他决定推出一款敞篷车。

拉尔夫·纳德写过一本关于雪佛兰的书。在书中，他提到了对敞篷车安全性的担忧，加上极高的汽油价格，这导致敞篷车（也被称为"破布顶"）在过去的 10 年内从市场中退出了。凯迪拉克在 1977 年售出了最后一辆敞篷车，它被称为"美国最后的敞篷车"。

推出敞篷车并确定其在市场上的接受度可能需要几个月甚至几年的时间。但是，艾柯卡不想这样。他将一辆新的 K 型汽车运到加利福尼亚州的一家汽车定制公司，这家汽车定制公司将它改装成一辆敞篷车并运回了底特律。然后，艾柯卡把它当作自己的私人汽车并开着它到处转悠。在驾驶这辆敞篷车的过程中，他根据自己得到的建议来进行市场调研。在自传中，他写道："我感觉自己就像是一个魔笛手。开着奔驰和凯迪拉克的人就像警察一样把我拦下来并将我引到路边。这些人都想知道'你在开什么车？'，'它是由谁制造的？'以及'我在哪里可以买到它？'。"凭借这一经验，克莱斯勒汽车公司生产制造了 K 型敞篷车，并在第一年就售出了 24 000 辆。上市销售前，市场营销人员预测的销售量只有 3 000 辆，而 24 000 辆是 3 000 辆的 8 倍。

差异化

做很多相似的试验无法像做多次不同的试验那样消除风险。让我们思考一下斯隆为每个车型进行分层定价的决定，这种分层定价策略确保了在雪佛兰这种车型上尝试低成本的设计方案，在凯迪拉克这种车型上尝试昂贵且先进的设计方案。

差异化也是分散控制结构的一种功能。通用汽车公司旗下的每一个部门都有很强的自主性。这与今天许多公司的部门结构形成了鲜明对比。这种自主性使通用汽车公司能生产差异化更大的产品，拥有更强的整体产品线，每个子品牌的员工都有强烈的自豪感和主人翁意识。

随着汽车市场的风潮从实用的 T 型汽车转向各种不同用途的汽车车型，通用汽车公司的销量呈现持续增长的态势。虽然通用汽车公司的一些试验失败了，但是大部分试验是成功的。随着制造业不断进步，应用新设计的成本越来越低，因此新设计也逐渐用于更加便宜的车型。

与如今的美国汽车制造商相比，当时的汽车制造商过于依赖昂贵的重型 SUV（运动型多用途汽车）和卡车。油价上升和全球气候变暖趋势加剧后，消费者更想要小型且节油的汽车，昂贵的重型车是无法满足消费者需求的。通用、福特、克莱斯勒过于依赖各自的某款成功车型，这样的做法危及了这些车企的生存。由于没有进行多样化的试验，这些车企无法适应新的市场。

商业环境的不确定性越大，进行多样化、差异化的试验就越有必要。假设未来的情况与你的预期大相径庭，那些疯狂的想法可能会挽救一切。

适应

斯隆在通用汽车公司推行的管理方式可以让公司更加容易地适应市场的快速变化。对通用汽车公司来说，这种适应是自然且渐进的。随着消费市场不断细分，畅销的车型可以在营销和生产方面得到充足资源，通用汽车公司可以根据消费者的喜好来不断进行调整。通用汽车公司调整了其财务部门与供应商之间的关系，这样它就可以将资源从销售业绩不佳的子品牌转移到销售业绩良好的子品牌。

需要重点考虑的问题是，人们是不需要对适应进行预测的。人们不需要知道未来会发生什么。当大量不确定的情况存在时，人们应该尝试适应这些不确定的情况。在适应的过程中，关注当下你的真实想法是适应的关键。如果某些想法是在外部环境变化的基础上衍生的，那么这些想法往往可以更好地发挥作用。人们可以根据近期有效的方法来对现在的方法进行推断，进而对短期内有效的方法做出预测。

通过对当前有效的想法提供资源并且减少对无效想法提供的资源，一个组织可以通过重大的调整来成功适应实际情况。组织根据实际情况进行的调整往往是组织成功发展的关键所在。

有机组织

斯隆在领导通用汽车公司时，确保每个子品牌都有相同的财务报告和控制系统，这使得通用汽车公司可以在策略和有效性方面对所有子品牌及车型进行比较。如果某个想法在一个子品牌公司内行之有效，那么这样的想法也可以在其他子品牌公司内进行推广。通过调整供应和财务系统，通用汽车公司不仅满足了每个子品牌的需求，还可以对每个子品牌的工作进行监督。通用汽车公司的业务增长离不开各个子品牌的共同努力，这样的增长也得益于公司中央决策部门的支持。通用汽车公司采用自下而上的管理模式，而福特汽车公司则采用自上而下的管理模式，即由亨利·福特本人决定福特汽车公司的一切。

通用汽车公司的车型是更加有机的，就像在岩石间的土壤中生长的树木一样。只有当土壤肥沃且岩石之间有足够的空间时，树木的根系才能充分生长。通过增加树木根部的宽度，树木可以吸收更多养分，进而使树木的根系更加发达。树木根系更大更粗的部分与树木有更多连接，而停止生长的根部则不再长宽。树木得到滋养，就会顺利存活生长；反之，树木则会因缺乏养料而枯萎。在存在高度不确定性的领域里，这种方法是最灵活且最佳的策略。

我们之所以称这种方法是最灵活且最佳的策略，关键在于，与其说使用这种方法预测的是未来将要发生的事情，不如说它是对正在发生的事情和已经发生的事情做出的反应。

我是一名投资者、有一点儿经验的交易者、企业家以及天使投资人……

在根据我从事的所有工作总结出的经验中，我认为"保持灵活"是最重要的法则。每次我过于专注某一种做事方式时，我就可能处在业务出现重大问题或交易亏损的边缘。

我想了很多关于高尔夫球的事情。对那些最优秀的高尔夫球选手来说，他们的球技娴熟且灵活。对他们昨天在发球台上打过的同一个球洞来说，他们今天可能需要使用 3 号杆来打。在打高尔夫球的过程中，风向、旗杆的位置以及其他因素都扮演着不同的角色，你必须保持灵活。同理，市场中的情况也在不断变化。短短几天时间，股票价格就可能发生突然的变化。因此，你必须保持灵活。

——霍华德·林德森，

对冲基金经理、天使投资人、企业家、流行网络金融视频节目 WallStrip 创始人

适者生存

在进化科学中，查尔斯·达尔文首先提出了适者生存的观点。

这也许是一种男性视角的观点。我第一次听到这个观点时，认为这个观点说的是那些最强壮或最健康的个体才能存活下来。但是，随着时间的推移，我逐渐认识到这种想法是错误的。从进化的角度来看，适应性最强的动物并不是最强壮的动物，而是能够最有效地适应新环境的动物。

无论你认为进化是上帝的杰作还是自然选择的过程，我们的地球毫无疑问见证了很多不同物种的诞生与消失。对已经灭绝的物种来说，它们都是因为不能适应新环境而消失的。它们将自己逼到进化的角落，却无法逃脱。例如，有一种理论认为，由于大型恐龙需要大量食物，而气候变化导致恐龙的食物逐渐减少，因此大型恐龙逐渐灭绝了。

你可能会将其与美国车企在生产大型SUV时面临的情况进行类比，例如悍马或凯迪拉克凯雷德。消费者选择驾驶SUV，是因为他们可以买到大量廉价的汽油。当汽油的价格比较便宜时，大部分使用SUV的消费者当然能消费得起。换句话说，只有在美国，SUV和大型卡车才能作为主要的交通工具。这些SUV和大型卡车可以算是一种利基产品，它们在市场上取得的成功依赖于非常特定的环境。当环境发生变化时，它们就风光不再了，它们会被逐渐淘汰并走入进化的死胡同。

在美国，投资者喜欢用季度利润和增长等简单的指标来衡量公司的经营情况。在某种程度上，这种衡量方式是错误的。例如，将某人青少年时期的身体力量与成年时期的身体力量进行对比是毫无意义的。最强大的组织是指那些适应性最强的组织。无论消费者的口味怎样变化，无论能源产品的价格是否上涨，无论全球气候变暖导致的成本上涨问题有多严重，那些强大的组织都可以向消费者传递价值，并持续为消费者生产他们想要的产品。

让我们来考虑一下当前的经济危机。许多大型金融机构之所以处于破产和倒闭的边缘，是因为它们以债务抵押债券以及可转换债务互换的形式承担了太多风险。这些风险将这些大型金融机构逼到了绝境，它们承担了巨额债务，以至其负债已经超过了资产。当外部环境发生微小变化时，这些大型金融机构也变得像恐龙一样脆弱，容易受到影响。

虽然抵押贷款违约率是银行在做应急计划时应该考虑到的情况，但当违约率发生较大增长时，华尔街的一些大银行仍会面临名声扫地的尴尬局面。这些大银行之所以如此脆弱，是因为它们并没有保持灵活。

衡量一个组织是否健康，不应看它能从当前的环境中榨出多少价值，而应看它在未来持续提供价值的可能性有多大。在接下来的几十年里，有一件事是可以确定的，即未来一定会发生变化，而且是翻天覆地的变化。与现代生活息息相关的不确定性正在持续增加。如果你想生存下去，那么无论新环境中会发生什么，你都要保持灵活并准备好适应新环境。这一点至关重要。

恐龙的时代结束了。但是，体型较小、温顺、适应性更强的哺乳动物——人类的时代来临了。

9

正确地冒险

> 对大多数人来说,危险并不是将目标定得太高而未能达到;而是将目标定得太低并且达成了。
>
> ——米开朗琪罗

我在19岁时加入了海龟计划。我和我的海龟伙伴们在1983年12月接受了导师理查德·丹尼斯(我们都称他为里奇)为期两周的培训。在培训过程中,我们被反复灌输两种原则。

首先,不要过度交易。过度交易意味着过多的合约和程度过高的杠杆。里奇和他的搭档比尔向我们展示了在达到某个最佳交易规模后,交易中的破产风险是如何呈指数级增长的。里奇还向我们介绍了确定在每个市场中应该交易多少合约的具体方法。幸运的是,我们遵循里奇的方法,就不必担心过度交易了。由于里奇严格地限制了我们的交易,所以我们可以避免这个常见的问题。

其次,在培训过程中,里奇不断强调不要错过任何趋势的重要性。作为海龟计划的成员，我们都希望在大幅度的市场波动中赚钱。错过趋势意味着你只是观察了市场的走势，却没有建立头寸。例如，如果你在纽约商品交易所购买了 100 手黄金，这相当于你买入了 10 000 盎司黄金，因为 1 手黄金代表 100 盎司黄金。如果黄金价格从每盎司 400 美元涨至 1 000 美元，那么你可以从每盎司黄金中赚到 600 美元，再乘以 100 手，你就可以获得总计 600 万美元的利润。但是，如果你一手都不买，那么你就一点儿钱都赚不到。用海龟的话来说，你"错过了趋势"。

不要错过趋势是很重要的，因为每年可能只有两三个大的趋势。如果你错过了某一个趋势，可能就意味着你会错过获得 50%~100% 收益的机会。一笔大的交易甚至可以覆盖一整年的利润。海龟培训使我得到的最大收获是：不要过度交易，不要错过趋势。

在为期两周的培训中，我们学习了两种非常具体的交易策略，我们称之为**系统 1 和系统 2**。这两种策略是密切相关的，有着相同的逻辑，即我们要在给定商品的价格达到新高时买入该商品。系统 1 指示我们在价格达到至少 4 周内的新高时买入，系统 2 指示我们在价格达到至少 11 周内的新高时买入。在使用这两种策略时，我们被告知需要将资金分成 4 份，即 4 个单位，每份为一个单位。当价格突破新高时，我们可以用一个单位的资金来买入；当价格继续上涨时，我们可以继续买入。这两种策略都有非常具体的规则，可以确保我们不错过任何趋势。

我们的主要规则有两项：一是不要过度交易，二是不要错过趋势。我们还学习了具体的交易规则，以确保我们不会违反这两项规则中的任何一项。

培训结束后，海龟们度过了一个短暂的假期。1984年1月初，我们返回并开始交易。里奇说他会考察我们1月的交易情况，并且会给做得好的人一个100万美元的交易账户。他给了我们每人2个账户，分别按照系统1和系统2两种策略进行操作。我们将在至少持续到1月底的试用期内通过这2个账户进行交易。为了简化流程，我们被告知每个交易品种只能交易三手。

我们还被要求在笔记本上写下进行每笔交易的原因，这可能就像"以400美元的价格买入黄金，因为它突破了11周内的价格高点"一样简单。即使有些海龟没有理解我们所学的内容，他们也能很容易地照搬另一位交易者的交易指令。为了防止这种情况发生，里奇希望我们解释每笔交易背后的逻辑，这样他就能知道每个人是否都理解了之前的培训内容。

1984年1月，取暖油的价格超过了11周内的高点，即每加仑[1]0.845 0美元。因此，根据系统1和系统2的规则，当价格突破0.845 1美元时，我们应该投入第一个单位的资金。

当价格又上涨一点儿之后，根据得到的指示，我们应该继续买入，直到投入4个单位的资金。在培训期间，里奇会在每周一给我们提供交易单，并且规定价格每上涨多少就可以追加一个单位的资金。根据这些交易单，我们知道，取暖油的价格每加仑上

---

[1] 1美制加仑≈3.79升。——编者注

涨 0.005 0 美元，我们就应该追加一个单位的资金。因此，我们本应该以 0.850 1 美元的价格追加第二个单位的资金，以 0.855 1 美元的价格追加第三个单位的资金，并以 0.860 1 美元的价格追加最后一个单位的资金。

取暖油的价格不仅突破了 0.860 1 美元大关，而且在短短几天内一路攀升至 0.980 0 美元。不管我们对交易规则有什么样的理解，根据规则，我们每个人都应该买入全部 4 个单位的资金。因此，我们每个人的交易账户中都应该有 12 手取暖油。

我们 12 个海龟成员坐在一个中等大小的房间里，这个房间大约有 30 英尺长、20 英尺宽，房间里有 6 排分成两列的桌子。试用期内，房间里没有任何隔断，因为隔板在晚些时候才被送来。所以，我们可以很容易听到其他人在电话里与订单管理员聊什么。我原以为我们都会以类似的方式进行交易，我也以为我们在第一个月后的结果会几乎相同。

在此我重申一下，我觉得不管海龟对给定的交易规则有什么理解，我们都不应该买入少于 12 手标的。所以想象一下，当我发现我是海龟中唯一一个买入了 12 手标的的交易者时，我有多么惊讶。同时，我发现，很多海龟根本没有买入任何取暖油的头寸，他们不是买入了 6 手，也不是买入了 3 手，而是 0 手，完全空仓。

我与其他海龟的观点差异可以归结为一句简单的话：我们看待风险的角度不同。没有进行取暖油交易的海龟害怕亏损，但我不怕。我知道，里奇明白亏损是交易的一部分，他知道我们必须冒着失败的风险让自己大赚一笔。我知道里奇宁愿看到我们遵守他给我们制定的规则而遭受损失，也不愿看到我们不遵守这些规则。

里奇知道，用他的资金进行活跃的交易可能使他承受巨大的风险。所以，他向我们反复强调两条规则：第一，不要过度交易；第二，不要错过趋势。第一条规则在市场对我们不利的情况下能确保我们不损失太多资金，第二条规则能确保我们不错过让他赚钱的机会。如果我们遵守了他的规则，他就会奖励我们。我认为最冒险的举动就是在市场变化后不进场交易，从而错过一个重要趋势。

事实证明，我是对的。1月的试用期结束后，当我们公布实际的账户金额时，一些交易者得到了我们都渴望得到的100万美元账户，还有一些交易者得到了50万美元账户。许多人被告知继续使用之前较小规模的账户。里奇把金额最多的账户给了我，里面有200万美元。从1984年2月开始，我交易的账户金额就是所有海龟中最多的。里奇几乎完全是根据我们在培训中的表现和第一个月中的交易表现做出的判断。我认为取暖油的那笔交易是影响里奇评估的最重要的因素，也是造成我们未来4年多时间个人收入产生差异的最主要原因。

有时，不冒险就是最大的风险。

承担合理的风险

许多人将风险等同于危险、潜在的伤害，甚至是死亡。对他们来说，风险是一种要尽可能规避的东西。

这种思维方式是错误的，你无法规避风险。风险存在于几乎所有的人类活动中，包括日常生活。风险是必要的，甚至可以说，它对人类进步和发展至关重要。

因此，关键是在考虑某一次交易能否获得回报时，理解你所承担的风险，并确保你所承担的风险是合理的。这就是风险管理法则的第三条——承担合理的风险。

这条法则是有效的，你需要承担一些风险。有些时候，冒险是有益处的。如果你不冒险，你就学不到东西，也无法取得任何成就。在我们的生活中，应用这条法则要求我们积极考虑风险。你可以考虑风险，然后决定是否接受风险。你要让风险成为生活的一部分，这样冒险行动就是有意为之的行动，而不是似乎完全来自外界的、让你无能为力的东西。

这条法则也是一种警告。在风险面前，人们往往会做出不同的选择：要么承担太少的风险，要么承担太多的风险。找到平衡点是既困难又少见的。

在我看来，风险投资领域最重要的法则就是"承担合理的风险"。生活是不可预测的，你总是需要根据不完整的信息行事。你永远无法规避风险，但你可以管理它，争取对你有利的条件。

一般来说，风险投资者的风险管理方法可以分为程序性和实质性两大类。

程序性风险管理是指在投资过程中应用一系列程序性保障措施，确保投资者不会让自己的某个想法或热情战胜理智。

程序性风险管理的原则包括：

1. 建立一套清晰的投资标准。

2. 确定规范化的投资流程。

3. 要求基金合伙人对偏离标准或程序的行为给予解释说明。

4. 划分投资等级（按等级提供不同规模的资金）。

5. 为重大特殊事件提供特殊的资金。

6. 要求投资人在投资前清楚地阐述他们会在什么情况下退出。

实质性风险管理要求公司对特定的问题进行分析。

实质性风险管理的原则包括：

1. 只支持连续创业者。

2. 只支持以前合作过的团队。

3. 不考虑处于初创期的公司，只投资已经有成熟产品或服务的公司。

4. 只投资已经盈利或实现盈亏平衡的公司。

5. 投资那些拥有"护城河"的公司，比如拥有专利或在某个领域处于领导地位，具备定价权的公司。

6. 只投资那些成本低、盈利速度快、前期投入少的公司。

通过"承担合理的风险"，风险投资家可以在最大限度降低损失可能性的同时努力提高成功的概率。

——西蒙·奥尔森

平衡风险

不惜一切代价规避风险是有问题的,这可能导致交易的成功率大大降低。然而,承担太多风险却可能意味着毁灭性的结果。让恐惧支配你的生活并不明智,但忽视危险,假装没有什么能伤害你也是不明智的。

因此,第三条法则——承担合理的风险的关键,是要尽力在完全无风险与风险过大之间保持平衡。有人可能会将这条法则比作汽车上的油门。你如果用力踩油门不松脚,就很可能会撞上汽车、行人,或者其他障碍物,比如树或电线杆。如果你的油门踩得太轻,就会发现自己前进不了多远,而且速度很慢。没有不用承担风险又可以让人一直前进的"安全速度"。

财务杠杆就像交易者的油门一样。根据杠杆原理,你可以用一根棍子撬动很重的物体,与此类似,财务杠杆也可以增加投资的力量。对许多业主来说,他们从银行获得的住房抵押贷款就是一种财务杠杆。如果一个业主为 200 000 美元的房子支付 10% 的首付,此时贷款的杠杆率为 10∶1,那么,20 000 美元的首付加上 180 000 美元的银行贷款,他实际上可以控制 200 000 美元的资产。这意味着只要房地产价格上涨 10%,他投资于住房的资产就会翻倍。如果房地产价格上涨至 220 000 美元,那么减去银行贷款的 180 000 美元后,业主的净资产为 40 000 美元。

杠杆能放大收益,也能放大亏损。在我撰写本书前的几个月中,很多业主就体会到了杠杆的负面效应。房地产市场正处于交易的高峰期，任何在房地产市场交易高峰期以总价 10% 甚至 20% 的首付款进行房屋交易的人，都会面临损失全部投资资金的风险。以价格为 200 000 美元的房屋为例，假设首付为 20%，即 40 000 美元。如果市场价格降低 20%，那么该房屋就只值 160 000 美元了，与银行贷款的金额相同。考虑到还要支付中介费等其他费用，最初的 40 000 美元投资已经所剩无几了，业主最终只能倒贴钱把房屋卖掉。

对许多人，也许是绝大多数人来说，房地产投资是他们最大的一笔投资。房价下跌导致的资产损失可能会破坏一个家庭的长期财务计划。这就是任何考虑投资的人都必须了解杠杆效应的原因。市场起起伏伏，如果你认为自己可以一直在上涨的市场里获得回报，那么你可能是在与命运打赌。

由于美国法律只允许有限的杠杆存在，因此使用所谓的保证金账户，投资者可以借到与股票账户里的资金等量的钱。也就是说，如果你的保证金账户中有 10 000 美元，通过杠杆，你就可以购买价值 20 000 美元的股票。

与其他杠杆一样，股市中的杠杆也是一把双刃剑。我有几个朋友在 20 世纪 90 年代末的互联网热潮中发了一笔小财，但在 2000 年股市的熊市中又赔得一干二净。如果他们使用美国法律允许的 2∶1 的杠杆上限用保证金账户购买股票的话，那么他们将会损失 100% 的资金。

最受欢迎的新交易市场之一是外汇市场。在机构层面，外汇市场是世界上最大的交易市场。每天在外汇市场上交易的都是数以万亿计的货币。大多数交易都发生在受国际企业委托的大银行之间。

近年来，小型零售外汇经纪商出现，这使资金规模较小的交易者可以与大公司、对冲基金及投资银行在同一市场进行交易。这些零售外汇经纪商的杠杆程度非常高，有时高达100∶1或者200∶1，这对交易新手来说是非常危险的。比如，当你使用100∶1的杠杆时，你可以以1 500美元的价格购买价值150 000美元的欧元。这意味着，欧元对美元的汇率上涨1%，1 500美元的投资就会获得翻倍的收益。与之相对应的是，如果汇率下降1%，1 500美元的投资就会化为泡影。

是的，把油门踩到底确实有趣又刺激，但是如果你不知道路的前方是什么，这个行为就是非常危险的。不要被高杠杆的潜在收益诱惑，它可能有利可图，也可能充满危险。

交易者风险管理

交易者和投资者的差异在于他们的视角和期望不同。一般来说，大多数投资者希望他们的每一笔投资都能盈利，尤其是非专业投资者。他们专注于积极的结果，期望获得回报。而交易者则不同，他们知道自己大部分时间都处于亏损状态。交易者明白，亏损也是交易的一部分，他们不指望每笔交易都能盈利，他们也明白，造成亏损的原因是不确定性。

成功的交易者知道，不确定性让人非常煎熬。因此，他们通常更关注负面结果。他们不过多考虑赚多少钱，而经常考虑如何在情况不佳时将损失降到最低。他们会进行防御性的思考。

成功的交易者都非常重视风险管理，许多著名交易者都强调过风险管理的重要性。出于这个原因，许多交易新手会花费大量时间研究风险管理，以及从博弈论中借用的术语——资金管理。这两个词都是指对杠杆程度的系统化控制。对大多数交易者来说，风险管理可以在任何时候都把风险资金控制在合理范围之内。对大宗商品交易来说，风险管理意味着交易者需要控制自己的投资；对股票交易来说，风险管理意味着交易者决定自己买入股票的数量。

关于资金管理的书有很多。由于交易是以特定价格买入和卖出，而价格又是数字，所以这些关于交易的书常常过分强调公式和算法的重要性。有些人提出了简单的经验性法则，如"将每笔交易的风险控制在2%"。有些人提出了复杂的公式以确定交易规模。很多人认为，这些复杂的公式在处理风险时是必要且有价值的。

然而，真相往往比较简单。

这些公式忽略了风险的真谛。风险之所以难以避免，是因为风险具有潜在的不确定性。不确定就表示永远不可能被预测。如果某个结果是板上钉钉且可以被预测的，那么它就不存在不确定性了。请记住，不确定性的本质就是你不知道未来会发生什么，因为未来是不确定的。

我不断重申这个看似显而易见的观点：当不确定性存在时，你不知道未来会发生什么。在很多领域，人们常常会忘记这一点。

当你不知道未来会发生什么时，你唯一能确定的就是不确定。再多的公式、理论或复杂的推理都无法改变这一基本事实。

意想不到的灾难

对大多数交易者来说，真正的危险不是变故发生得太快，而是在正常情况下使用了过多杠杆。人们处于危险中是因为发生了意想不到的灾难，比如规模巨大且意想不到的价格跳水，这种变化可以发生在眨眼之间，以至交易者无法规避亏损的风险。在金融领域，这通常被称为价格冲击。

交易者、作家纳西姆·尼古拉斯·塔勒布用"黑天鹅"一词来指代意想不到的价格波动，以及具有高度影响力、不可预测的突发事件。典型的黑天鹅事件就是 2001 年 9 月 11 日发生在美国纽约世贸中心和华盛顿五角大楼的恐怖袭击。2001 年 9 月 11 日那天，无论你之前想在哪里卖出股票都不重要，因为几天后开市时，所有人对股票价格的突然跳水都是无能为力的。

减少价格冲击，降低黑天鹅事件风险的唯一方法就是刻意控制交易杠杆的程度，从而减少潜在市场波动的风险敞口。请记住，风险被定义为不确定性所产生后果的敞口程度。通过控制杠杆的程度，交易者可以降低自身承担的风险。糟糕的一天和一无所有的一天还是有区别的。

在海龟计划期间，有一件事给我留下了特别深刻的印象。1987 年，也就是海龟计划的第四年，我为里奇管理的交易账户中已经有 2 000 万美元了。那年 10 月初，我做空了欧元和其他利率期货。根据里奇制定的交易规则，我已经达到了交易的上限，这意味着只有欧元跌了我才能赚钱。对当时的我来说，欧元下跌是一件好事，欧元上涨反而是一件坏事。欧元已经跌了一阵子了，所以我连续几个月都赚到了钱，我的总盈利额在 1 200 万～1 300 万美元，这大约相当于全年利润的 65%。对海龟来说，1987 年是比较不错的一年。

然而，1987 年 10 月 19 日那天，股市崩盘了。由于我没有持有任何股票市场期货，所以崩盘其实对我没有太大的影响。我甚至还获得了一点儿利润。

但是第二天，我的心态也崩盘了。美联储突然宣布降息，以应对潜在的经济大萧条，这使我全年的利润化为泡影。在开盘之前，欧元的涨幅超过了此前 6 个月的跌幅，我一夜之间失去了全部利润。

与其他人相比，我还算是好的。当然，失去一整年的利润一点儿也不好玩，但至少我的损失没有超过之前的收益。如果我的交易量是实际的两到三倍，那么那年我的交易账户就会损失 1 000 万～2 000 万美元。那实在是太糟糕了。

现在，我不再使用任何我过去常常使用的神奇公式来规避损失，因为我并没有办法精准地预测一次价格冲击或黑天鹅事件会导致多大程度的价格波动，甚至也无法预测这些事件会产生正面影响还是负面影响。风险就是这样，因为不确定性真的就是不确定性。

真实世界的安全

尽管用公式计算出的风险水平可能看起来很精确，如"有1%或更小的概率会出现30%以上的价值损失"，但是现实无法做到这么精确。神奇的公式并不存在，因为未来是无法被准确预测的。

你可以做的事情是研究历史上的大型价格冲击，思考如果这些价格冲击再次发生会怎样，然后你就可以据此推测未来可能出现的糟糕情况。你可以参照以下方法。为了方便举例，我们假设交易账户中有100 000美元。

让我们来回顾一下股票历史上最大的几次单日下跌。1987年的"黑色星期一"股市崩盘。仅仅一天之内，大盘市值就缩水了20%以上。如果你投资了股票或共同基金，那么你会损失大约20%的投资资金。如果你通过保证金账户以2∶1的杠杆率进行投资，那么当天你会损失40%的投资资金。

在这种情况下，杠杆的风险是显而易见的。如果你改为买入标准普尔500指数期货合约，那么你可以仅用100 000美元的一半（即50 000美元）买入10手合约。这相当于你控制的合约价格波动幅度与投资标准普尔500指数股票的1 300 000美元相同，即13∶1的杠杆。在这样程度的杠杆下，标准普尔500指数价格下跌20%就意味着你会损失260 000美元。因此，如果你一直在交易期货，那么你不仅会损失全部100 000美元的投资，还会欠股票经纪人160 000美元。

现在让我们来看看另外一次剧烈的价格冲击。如果你在

2001年9月10日收盘时买入100 000美元的美国航空公司股票，那么你将在2001年9月17日，即"9·11"恐怖袭击发生后的第一个美股交易日开市前损失该股票价值的46%。在这两个交易日之间，你是没有交易机会的。

还有一次令人难以忘记的价格冲击发生在2008年3月13日，星期四。如果你以57.34美元的收盘价买入100 000美元的贝尔斯登股票，那么在第二天，即3月14日，它就会下跌至29.99美元，在一个交易日内下跌47.7%。在接下来的周一早上，也就是3月17日，价格甚至跌破了每股3.00美元，跌幅高达94.8%。

这三次价格冲击中的任何一次都可以作为模板，用于对未来发生类似情况的市场走势进行推测。如果你投资的是指数基金或共同基金，那么价格冲击发生时，你的账户资金下跌20%~25%都是非常合理的，毕竟以前也发生过一次。如果你投资了某只股票，那么可以想象，你可能会在一天之内损失全部资金。这在过去发生过很多次，在2008年那次金融危机中，这种情况几乎每周发生一次。

对大多数人来说，损失整个账户资金的20%~25%是一件非常恐怖的事情。然而，许多人将他们的所有资金都投入了股票和共同基金。对股票和共同基金来说，这种跳水式的下跌并不少见。这些人并没有承担合理的风险，他们承担的风险太大了。

无法躲避的风险

破坏性最大的风险就是那些被公认为常识或惯例的风险。虽然这些风险隐藏在传统智慧的面纱之后，但它们仍然存在。它们之所以具有破坏性，是因为大多数人并不知道自己可能因此遭受多严重的损失。

我们来思考一下股票投资中常见的买入并持有策略，这是美国联邦法律强制要求共同基金使用的策略。买入并持有策略可以让投资者始终处于市场中。对所有遵循该策略的人来说，他们的资金在2008年都损失了35%~40%。这种策略的问题是，你要承担市场价格下跌的全部风险。

按照规定，基金经理必须将其所管理资金的95%以上投入市场。这意味着他们在行情很差的时期无法启动风险保护程序，这就是大多数基金没有存活下来的原因。

大众被告知买入并持有某些股票。在过去100年的很多年里，如果你买入并持有某只股票20年，那么你不太可能获得可观的回报。举个例子，如果我们正长期处于熊市，那么标准普尔500指数的股息为5%~6%，且市盈率达到个位数，熊市才可能结束……

大众被告知，择时交易（通过买入和卖出盈利，而不是买入和持有）是一种傻瓜行为。这是因为，谈论择时交易的人并不了解交易中的风险回报原则。他们不明白如何降低损失并让利润滚滚而来，也不明白，仅仅在行情最糟糕时退出市场，人们就可以获得巨额回报。

——范·撒普博士

如果你投资了一只共同基金，你就可能有亏损的风险。股票市场可没有什么魔法。没有风险意味着没有回报，天下没有免费的午餐，你需要非常谨慎地考虑风险。如果你想要获取更多潜在收益，你就必须将自己置于更大的潜在风险中。

不要亏损：这是一个有用的观点，可以帮助你提升前瞻性，事先准备风险应对方案。人体有很强的自我修复倾向，然而投资组合并没有。

——布鲁斯·提兹

风险是个人的

承受风险的程度是因人而异的。太多人使用公式和定理来帮助自己预测风险，或者听从所谓的专家建议，但是没有仔细思考，特定的行为会导致什么样的结果，他们甚至没有理解自己正在投资的是什么。

如果你打算投资，你就要承受投资这个决定所带来的后果。让别人来决定你能承受多大风险，最后的结果很可能不会如你所愿。

大多数人在2008年金融危机期间听从了专家的建议。如果足够幸运的话，当股票和共同基金下跌35%～40%时，他们就会按照专家的建议买入进场。如果这种决定导致的惨痛结果对你来说无法接受，那么你就得学会成为自己的投资专家。

所以，不要让别人掌控你的风险。我的建议是，你要掌控自己的生活。你可以花更多时间去了解历史，思考未来会出现怎样糟糕的情况，以及你该如何应对这种情况。不要让别人告诉你你应该冒多大的风险，这么做可能会使你忽略真正的风险，或使你错过那些对别人来说过于冒险，对你却正好合适的风险。

10

错误的决策并不可怕

> 聪明的人能够适应一切突发事件,而傻瓜则像在逆流中游泳的人一样难以前行。
>
> ——佚名

坦然接受自身的局限性标志着一个人正在变得成熟。在有了足够的经历后,你不会再认为自己是不可战胜或绝对正确的,也不会再像小孩子那样吹牛了。你不再试图伪装自己的真实模样:一个有优点也有缺点的普通人,而不是百战百胜的神。你也不会再试图证明自己是绝对正确的,能够平静接受自己可能是错的这件事,甚至能接受自己做出的最保守的假设,例如什么是重要的,以及世界是如何运作的。

当你走出私人领域,走进社会领域时,即使你个人已经比较成熟,你仍然会发现,人类群体行为的文明程度并没有那么高。从社区、城市、国家以及全球社会来看,群体行为显然是不够成熟的。群体对自身的行为并不是特别自信，又会隐藏错误，他们会改写历史，甚至假装自身未来也不会犯任何错误。

这种做法是错误的。社会应该对群体性错误进行研究，领导者应该将这些错误公之于众，而大众应该明白，领导者未来仍会犯错。最重要的是，未来在遇到类似的情况时，社会可以从过去的经历中提炼出有益的经验并摒弃无用的方法。最后，社会和群体不应该因为害怕做出错误的决定而拒绝选择那些可能存在失败风险的道路。

对失败的恐惧会促使人们做出决策

快速创新阶段的公司（如科技创业公司）与已经发展成熟的公司，做决策的过程是它们较为有趣的区别之一。小公司更加关心如何快速找到正确答案，而大公司往往更加关心如何避免错误答案。

小公司会把所有决策制定者聚集到同一个房间里，通过讨论制订一个计划，这个计划会成为他们的暂定计划。如果在讨论的过程中，团队成员认为某些已知的问题或障碍可能会导致计划失败，他们就会提出其他解决问题的想法或方案。这些想法或方案可能需要耗费更多时间与金钱，也可能存在更高的风险。尽管如此，当原来的暂定计划被推翻后，这些想法或方案会成为新的替代计划。而在小公司里，计划就是计划，计划在成为现实前不会有过多调整。

小公司的团队成员并不认为他们的计划是一成不变的，事实上，他们知道计划大概率是会进行调整的。对小公司来说，选择路线之所以是容易的，是因为改变路线也相对容易。由于公司对单一计划的投入较少，团队成员也不会在单一计划中投入太多时间和精力。所以，小公司改变计划的成本更低。

相较而言，大公司做出决策往往耗时较长且经过深思熟虑。通常，人们都希望决策由其他人来做。在大公司或政府机构中，任何实际的选择行为都是高风险低回报的。人们期待决策者能够做出正确的决策，然而，做出正确的决策对决策者来说并没有太多好处，一旦他做出了错误的决策，他的履历上可能就会留下难以抹去的不良记录，这样的记录将会影响决策者未来多年的职业生涯。

小型组织的目标是做出最好的决策。而对大型组织来说，他们的目标与其说是做出最好的决策，不如说是避免做出错误的决策。这就是大型组织在进行决策时会扼杀创新的原因之一。假设一家公司需要在三家供应商中选择供应链和库存管理软件，三家供应商分别为：

1. **精英软件公司**：该公司的软件正在被许多公司使用，是高评分软件，口碑好，但价格非常昂贵。

2. **廉价软件公司**：该公司的软件也正在被许多公司使用，软件价格只有精英软件的1/10，但所有人都认为它并不实用。

3. **创新软件公司**：该公司的软件是大家公认的最实用的软件，并且它的价格只有精英软件的1/10，但它尚未被行业中的任何领导者使用过。

从公司的角度来看，最好的选择是创新软件公司。有意思的是，在多数大公司中，负责选择软件的团队几乎都没有选择创新软件公司的产品。其中的问题就在于，对公司有利的产品未必对个人的职业生涯有利。

很多时候，公司的财务部门会和需要使用该软件的员工代表发生争执。在大多数公司里，需要使用该软件的部门通常被称为"运营部门"。财务部门的同事会为提供廉价软件的公司努力争取，因为使用该软件可以为公司节省一大笔钱。但是，运营部门的同事会选择使用精英软件公司的软件，他们认为把钱花在廉价软件公司的软件上是一种浪费，因为这样的软件不能满足工作需求。因此，公司要么花更多钱购买一款实用的软件产品，要么购买一款可能无法满足工作需求的软件产品。

为什么创新软件公司的软件产品没有得到应有的关注呢？

在大型组织中，跟随专家或其他有经验的资深人士可以保证自己不会犯错，即使这样做并不会带来预期的收益。做那些已经被验证是正确的事情永远不会出错，但尝试新事物却可能出错。这是问题的关键。

在这个案例中，决策者是公司的运营副总裁约翰·雷诺兹。现在，让我们分析一下这三个选项，看看它们将如何影响约翰的职业生涯。以下是一些可能出现的情况：

精英软件公司：

· **最好的情况**（最有可能出现）：软件可以很好地运行，员工对此感到满意。此时，决策者没有任何损失，因为决策者本人并不需要为这个软件支付任何费用。

- **最坏的情况**（最不可能出现）：出于某种原因，软件无法正常运行。此时，决策者可以举出其他公司使用精英公司软件获得成功的案例，并将软件无法正常运行的原因归咎于运营部门本身。

廉价软件公司：

- **最好的情况**（最不可能出现）：软件可以很好地运行，员工对此感到满意。此时，没有人受到责备，所有人都因此感到很高兴，甚至包括首席财务官。

- **最坏的情况**（最有可能出现）：出于某种原因，软件无法正常运行。此时，作为决策者的约翰会受到责备。

创新软件公司：

- **最好的情况**（最有可能出现）：软件可以很好地运行，员工对此感到满意。此时，没有人受到责备，所有人都因此感到很高兴。

- **最坏的情况**（最不可能出现）：出于某种原因，软件无法正常运行。此时，约翰和他的决策团队会受到责备，因为他们选择了一个未经行业领导者验证的软件产品。由于约翰无法找到其他成功使用这款软件产品的头部公司，所以他无法推卸责任。约翰的职业生涯也会因此蒙上污点。

因此，尽管购买精英软件公司的产品对公司来说需要花更多钱，且依然存在风险，约翰还是会选择精英软件公司的产品。因为即便软件无法正常运行，约翰也不会受到责备，同时他不需要为高昂的费用操心。如果首席财务官推翻了这个提案，选择了廉价软件公司，约翰将更不需要承担任何责任。对他来说，选择一个已被证明有效且价格昂贵的软件产品也许是最安全的。

这种情况在大多数大型组织中都可能发生。大型组织几乎没有冒险的动力，也没有理由坚持创新。这就是大部分大型组织不鼓励创新的原因。他们在做决策时投入了太多时间与精力，以至认为自己不能犯任何错误。

在这个案例中，一个更好的方法是与精英软件公司和创新软件公司进行协商，让两家软件公司分别提供试用服务，避免在没有足够信息的情况下做决策，这种方法将迫使公司的决策者做出风险最小的选择。公司应该承认自己对这两种软件产品并不了解，需要对这两种软件产品进行试用后再做决策。如果创新软件公司的解决方案有效，公司将拥有一个成本更低且更合适的解决方案。如果这个解决方案不起作用，公司则可以选择购入精英软件公司的产品。

"做好犯错的准备"并不是失败主义者或悲观主义者的信条。它是一种简单的方法，承认未来不可预测。风险管理的七条法则中的第四条是"做好犯错的准备"，这条法则建议你按照自己认可的当下最优的方案行事。

这条法则的关键要素主要表现在以下几个方面：

· **尽早犯错**：你可以尝试尽早制订计划，这样就能尽快知道这个计划是否存在缺陷。

· **多多试错**：在不确定的情况下行事，你需要尝试许多不同的方法，并不断验证似乎可行的方法。

·**分散风险**：除非某种方法有压倒性的优势，否则你应该将风险分散到许多不同的方法上。

尽早犯错才能尽早改正

软件开发者经常面临一个问题：是采用一种更新且更好的解决方案，还是采用一种尚未被证明有效的解决方案？在重大的新项目启动前，许多软件公司都会面临这样的选择。团队中比较保守的成员想要采用那些已经被验证过的方法和技术，而团队中更具冒险精神的成员则想尝试一些具有创新性的方法和技术。

通常，人们可以先测试新方法是否有效，同时将经过验证的方法作为备用计划，而不用立即做出非此即彼的决定。如果可以尽早发现问题，及时调整团队的努力方向，那么新方法即使存在问题也不会让整个项目陷入危机。

这是一个非常重要的方法。事情可能无法马上得到解决，这应该在你的计划之中。你可以花费足够长的时间尝试方案 A，观察它是否可行。如果你发现方案 A 并不可行，就切换为方案 B。无论在哪种情况下，你都可以通过提前进行关键测试按时完成项目。如果项目周期是 12 周，那么你应该在最初几周就完成关键技术的部分，而不是等到第 10 周才开始做这项工作。当最初的方案不太理想时，如果你的安排合理，你就应该有充足的时间切换为替代方案并让项目按计划进行。

有时候你并没有一个明确的答案，特别是当你的团队在新领域中没有什么经验时。在这种情况下，许多人会花费大量时间找到最好的路线。然而，在信息不足的情况下，你通常是无法做出评估的。基于上述原因，快速选择一条路线往往是更好的方法。你通常可以在实践中学到更多知识，进而可以一边推进计划一边做出其他决定。在推进计划的过程中，你可能会改变想法，因为你学到了足够的能解决问题的知识。

需要重点考虑的是，如果你没有足够的信息做出好的决定，那么浪费时间去做决定是没有意义的。你需要获取更多信息，也需要学习。你不能通过做决定来学习，你应该边做边学，并在这个过程中经历成功或失败。只要意识到这个决定是初步的和实验性的，在发现另一个更好的选择时，你就可以很容易地做出改变。

因此，不要害怕犯错。通常，做出正确决定的最佳方式是迅速做出一个错误决定。与此同时，当需要做出改变时，你也要保持开放的心态。

永远要有一个备选方案

从某些角度来看，在不确定性中摸索前进有点儿像尝试走出一个复杂的迷宫。你不得不先沿着其中一条路走下去，再判断这条路是否适合。关键在于，你要记住你走过的路，这样你就不会重走那些已经确定是错误的路了。

对大多数人来说，即使只是在纸上解决一个复杂的迷宫问题，他们也不奢望自己能一次就找到正确答案。他们更希望自己可以先排除一些错误答案。在解决问题的过程中，他们知道自己需要试错。同理，在应对商业活动或金融活动中的不确定性时，你应该按照自己已经验证过的正确方法行事。你有可能出错，因此你应该有合理的期望，并制订相应的计划。

如果你知道未来会发生的事情很可能与你所期待的事情不同，那么准备一个备选方案是有意义的。换句话说，你需要有一个备选方案 B。如果你很聪明，那么你可以想出方案 C、方案 D、方案 E 以及方案 F。与其犹豫初始方案 A 或 B 哪个更好，不如先从中选择一个。然后时时关注项目进展，并确保自己在正确的道路上。如果你仍然不确定当前的道路是否可以使你通往成功的终点，就准备一个有效且经过深思熟虑的备选方案。

在更大型的组织中，同时使用方案 A、方案 B，甚至方案 C 都是有可能的。然后，在未来的某个时间点上，你可以对这三个方案进行评估。如果这些方案的效果不如其他方案，你就排除它们。或者，当其中一个方案无法完成项目目标时，就使用方案 D 或方案 E 来进行替换。对那些没有足够资源同时试行多个方案的组织来说，如果方案 A 不奏效，那么切换为方案 B 可以为人们节省几个月时间，还可以避免小问题变成大问题。

多样化带来的惊喜

另外一个做好犯错准备的方法是遵循古老的谚语，即"不要把所有鸡蛋放在同一个篮子里"。在投资领域，这体现为分散投资。投资者可以将一笔钱分散投资到很多较小的项目中，以实现多样化投资。多样化投资有两个重要的好处。首先，它可以降低一次糟糕的突发事件摧毁整个投资组合的可能性；其次，它可以降低选择投资标的这件事在决策过程中的重要性。多样化投资可以降低投资组合的风险，而且通常并不会降低投资组合的收益。

让我们以约翰和玛丽这两位投资者为例。约翰将他的全部退休金（10万美元）用于购买阿克姆计算机公司的股票，这家公司是约翰曾经工作的地方。而玛丽则将她的10万美元退休金分散投资于25只不同的股票，同时玛丽也碰巧在阿克姆计算机公司投资了4 000美元。如果阿克姆计算机公司的股价因为一家大公司对其进行专利侵权诉讼而突然暴跌50%，那么约翰将会损失全部投资资金的50%，即5万美元。但是，玛丽只会损失4 000美元的50%，即2 000美元。

在这个例子中，约翰损失了50%的资金，而玛丽只损失了2%的资金。这就是分散投资的好处之一：一次糟糕的突发事件对多元化投资组合的影响要远远小于集中型投资组合。

分散投资是我们所能做的最接近魔术的事情。但是，通过购买劣质资产来实现分散投资对整个投资组合并没有什么好处。

——布鲁斯·提兹

渔网与鱼钩

现在，让我们思考一下分散投资的另一个好处：在决策过程中，分散投资降低了我们对精确性的要求。分散投资就像是在一片广阔的海域撒网，而集中投资就像是用一只鱼钩钓鱼。如果你选择了一个正确的地方钓鱼，那么你的确很容易钓到鱼。如果海洋中鱼类丰富，那么在更大的海域撒网会给你带来更好的机会，你也更有可能成功。

假设你是一家风险投资公司的合伙人，你向一家新型绿色科技公司投资了1 000万美元。如果你将1 000万美元全部投资于前景非常好的科技公司，那么你可能赚到很多钱。然而，在大多数行业中，财富的分配并不是均衡的。通常，某个领域中排名第一的公司会赚到最多的钱，排名第二的公司会赚到较少的钱，排名第三或第四的公司可以维持生存，而排在后面的公司可能面临亏损的风险。因此，如果你将1 000万美元全部投资于一家公司，那么你最好祈祷自己做出的是正确的选择。

让我们思考以下10家科技公司的投资。假设在未来的三年里，这10家公司的年化收益率如下所示：

企业	年化收益率
A	150%
B	70%
C	30%
D	20%
E	10%
F	−100%
G	−100%
H	−100%

| I | –100% |
| J | –100% |

如果你想投资科技行业，并决定选择一家公司，那么你有可能选择公司 A，成为赢家并获得 150% 的年化收益率，也可能选择公司 B 或公司 C，获得相对低一点儿的年化收益率。还有可能，你选择了多家亏损公司中的一家，然后眼睁睁地看着你的资金逐渐消失。

分散投资到底有什么好处呢？

分散投资不是避免损失，而是确保你的投资组合中有公司 A 和公司 B。如果公司 A 的年化收益率为 150%，那么这意味着，投资公司 A，三年后你的财富总额将是初始资金的 15 倍。如果公司 B 的年化收益率为 70%，那么三年后你的财富总额将几乎是初始投资的 5 倍。如果你将 1 000 万美元分成 10 份，分别投给 10 家公司，即每家公司投 100 万美元，那么你最终的财富总额将会是初始资金的 2.1 倍，即年化收益率为 28%。因此，虽然有 5 份投资会打水漂，但是平均下来，你也会获得极好的投资回报。

此外，在许多情况下，判断一个主意的好坏或察觉一家公司经营不善的迹象，往往比挑选一家业绩非常好的公司更加容易。挑选一家业绩非常好的公司是很复杂的。在这个过程中，你需要比较各种策略的相对优势，并评估你可能不太关注的行业中不同公司的管理能力。但是，把两家你认为会倒闭的公司剔除，这么做不仅简单，而且结果会更好。如果你这么做的话，那么你的收益率将不再是28%，而将涨到42%。你无须通过挑选赢家来做到这一点，只要剔除几个输家就可以了。

如果你真的知道哪家公司的股票会大涨，就不需要进行分散投资了。但是，如果你不知道，那么分散投资会给你带来很多好处。因此，当你缺乏专业知识，难以选择最佳投资对象时，分散投资是一个很好的策略。不确定的程度越高，分散投资的作用就越大。

即便是最有经验的风险投资家也明白分散投资的好处。他们中的很多人都不会仅仅对一家公司进行投资，也就是说，投资另外几家公司的作用是分散他们的风险，实现多元化投资。用于分散风险的投资金额可以是主项目投资金额的两到三倍。

对大多数投资者来说，通过筛选个股进行分散投资是一件特别麻烦的事情。幸运的是，金融服务行业已经有了许多预先打包好的产品，这使得分散投资变得比较容易。对投资者来说，投资共同基金是一种可以轻松实现多样化投资的方式，而且不会使投资过程变得复杂。在大多数情况下，购买共同基金与直接购买上市公司的股票一样容易。

坦然面对未知

当风险与不确定性出现时，我的建议是坦然面对未知的现实。这是本书在探讨如何处理风险问题时的一贯观点，也是不确定性的核心：你不知道未来会发生什么。对许多人来说，面对这个简单的事实似乎是非常困难的。

如果你相信未来将发生的事比实际发生的事更准确，那么你可能会浪费大量的时间、金钱、人力。这一想法是造成这些浪费的核心原因。当你不知道该怎么办的时候，不要再假装自己知道一切了，坦然面对不确定性吧！为了防止计划出错，你可以提前准备一个备选方案。尝试使用几种不同的方法，尝试进行分散投资。

坦然面对不确定性还有一个好处：当未来变成现在时，你会更加容易找出应对的方法。我们会在第 11 章中向大家解释这个问题。

11

眼见为实

现实并不总是符合预期的。

——豪尔赫·路易斯·博尔赫斯

对一名交易者来说,世界上没有什么比对现实的准确把握更加重要的了。最好的交易者对现实具有最好的感知力。无论是依靠计算机还是人脉,这些交易者都拥有最好的信息网络。他们对这个复杂的、互联互通的信息网络十分了解,信息网络本身也给每条信息赋予了独特的价值。

对纯粹的价格交易者(有时也被称为技术型交易者)来说,把握现实是相对容易的。对某一特定市场来说,当前价格就可以代表该市场的现实情况。无论交易者认为可能会发生什么或交易者希望会发生什么,当前价格都代表着正在发生的事情。对技术型交易者来说,价格就是现实。

20世纪80年代早期,在我第一次接触交易时,使用的是当时最先进的通过卫星传输信息的专用计算机系统，这种系统可以让交易者在 5～10 秒后看到市场价格。交易所的工作人员会把价格信息上传到交易所的电子价格栏。与此同时，价格信息通过专用线路被传送至卫星传输中心，并通过卫星传送给世界各地的交易者。

为了获得最新的报价，交易者每个月需要花 300～500 美元获得这个系统的使用权。在 20 世纪 80 年代中期，大多数交易员使用的系统仅仅能显示当前价格，而不能显示当日的价格走势，现在的交易员在交易时则一定会看到走势图。当时这种图形系统刚刚进入市场，使用者相对较少。

交易者清楚他们的决策有时会带来损失，也知道自己需要尽早意识到损失已经发生。成功的交易者勇于接受市场的真实情况，而不是将自己的头埋进沙子，假装世界并不是实际发生的那样。

与模糊的现实打交道

对交易者来说，与现实打交道相对容易。你打个电话或者上网搜索一下，就基本能够判断明年 8 月谁会以什么价格卖出多少原油。你对市场的情况了如指掌，可以在几秒钟内就确定几船原油的交易价格。

对创业者和创业公司的投资者来说，现实可能是一个很模糊的概念。假设有一位技术专家，他想开发一个新产品，他认为这个新产品的市场前景不错；还有一位营销专家，他也想开发一个新产品，并且他也认为这个新产品的市场前景广阔。他们的想法是对当前现实做出的一种有根据的推测，但这些推测可能并不正确。事实上，他们的推测也许和现实大相径庭。技术专家可能会高估产品的市场表现，因为他对产品的潜在客户了解不够深入；营销专家可能会低估产品的销售难度和开发成本。

有根据的推测与现实情况不匹配表明集体决策存在不确定性。风险投资可能涉及数百个这样有根据的推测。从风险投资人的角度来看，集体决策的不确定性和投资合同的不确定性组成了风险投资的总风险。对企业家来说，风险无处不在。

在医学领域，你必须为最坏的结果做好打算。病人可能出现的最糟糕的情况是什么？医生必须顺着这个问题思考。在交易领域也是一样，交易者必须问自己：在最坏的情况下，我还愿意去做这笔交易吗？作为医生，你必须要有处理极端情况的能力。如果有人被推进手术室，你要坚定地认为"我需要为这位患者进行开胸手术，即使出现最糟糕的情况，我也可以处理这些问题"。这样，你就做好了面对最坏情况的准备。如果你发现自己在思考"也许只是这样或那样的小问题"，那么一旦最坏的情况出现，你马上就会不知所措。

——泰德·帕特雷

关注现实

本章将详细介绍风险管理的第五条法则：关注现实。从交易的角度来看，这意味着你需要尽快获得准确信息。对大多数交易者来说，市场表现不难追踪。

对大多数其他行业的人来说，追踪市场表现并不容易。关键在于，你必须积极地关注市场表现——发现、挖掘、搜寻，甚至亲自撬动它。

现实并不是一位仁慈的老人，他不会在跟你擦肩而过的时候问你："你的竞争对手两次试图进入这个市场，但他们都失败了，而且每次都损失几百万美元。这件事你知道吗？你研究过他们失败的原因吗？"现实也不会告诉你："在以 X 美元的价格将产品出售给客户之前，你可以去问问工程师这个产品的生产成本是多少，这样的做法是比较明智的。"

> 人类非常善于对特定的情况和结果进行解释。正确分析的必要前提是在不确定性可能存在或可能不存在这两种情况下对信息进行整合。急诊室医生认为，在病因未经证实的情况下，错误的干预会让患者加重损伤。与此相似，如果交易者相信自己是对的而市场是错的，那么这样的想法往往不利于投资。
>
> ——布鲁斯·提兹

迫降

在创业过程中，你可能会犯许多错误，也可能表现得接近完美，一只手就能数完自己犯过的错误。然而无论如何，犯过的错误都会影响你，那些"如果当时那么做就好了"的想法会在以后的岁月里让你耿耿于怀。

我记得，作为一家新成立的软件公司，北欧化工公司是在海龟计划结束后几年创办的。当时，我正在为这家公司的第一个主打产品做市场营销的准备工作。在北欧化工，我们想要创造一个比竞争对手更灵活、更易于进行个性化定制的产品。多年来，我们一直在考虑产品创新的问题，许多有着优秀履历的工程师都加入了这个新项目。我们也在争取外部投资，希望打造一个一流的创业团队。

在北欧化工，我们组建了可能是有史以来最优秀的软件工程师团队，这个团队和做出第一代麦金塔电脑、第一版 Photoshop，以及微软 Office 的团队一样优秀。我之所以能够组建一个这么棒的团队，其中一个原因是我从 16 岁就开始编程了。老实说，我做软件工程师可能比做交易员更好。此外，五六年来，我一直在向苹果公司的软件开发人员销售我自己公司的软件，我也因此结识了一些业内最优秀的软件开发专家。

海龟计划结束的时候，所有最好的程序员都去为苹果公司开发程序了。微软公司最好的程序员——开发首版 Word 和 Excel 办公软件的团队成员几乎都来自苹果公司。我足够幸运，结识了这些世界上最优秀的软件开发团队的成员。

第一个产品发布的时候，我们已经花了两年时间筹集资金、组建团队、开发产品。这是一项突破性的技术，甚至比我最初希望的还要好，这项技术可以在未来数年内为公司创造价值。开发团队对我们所做的一切感到非常自豪，这自然是有道理的。

这项技术可以让你通过简单的拖动操作开发复杂的应用程序。当我们的竞争对手还在用人工编写代码时，我们已经实现了自动化编程。我们的理念是，如果一项任务是可以靠计算机来执行的，我们的程序就可以自动完成这项任务，无须程序员亲自编写代码。与此同时，这项技术支持对不同的用户行为进行编程，这种灵活性使我们的客户可以使用这项技术来创建各种东西。

即便在公司倒闭十年后，这项技术也在许多方面保持了领先优势，它就是如此具有创新性。

除此之外，我们的软件做到了当时其他软件无法做到的事情——远程管理客户端。在高速互联网出现之前，大多数公司的销售人员都在进行拨号上网。如今，他们可以使用公司的内部网站访问销售数据。在此之前，公司不得不在每台笔记本电脑上运行定制软件。

在每台笔记本电脑上跟踪数据以及配置软件曾经是信息技术部门的噩梦，而我们的软件可以让这项工作变得轻松。我们竞争对手的产品需要销售人员每天花一小时在线下载更新，而我们的产品通常只需要2~3分钟就可以完成更新。

我们可以向软件发送补丁，这样我们的客户就可以随时在笔记本电脑上更新软件，而不需要销售人员将电脑带回办公室。我们相信，这些关键功能有助于我们的产品在几年内成为市场的领导者。

但是，我们错了。

在一次大型媒体发布会现场，我第一次意识到，我们团队的观点存在严重缺陷——或者应该说是我个人的观点，因为我不能代表我们团队的其他人。如果你从未参加过重大产品的发布会，那么我可以简单地向你介绍一下：媒体发布会需要提前三周进行准备，如拜访主要的行业媒体、独立的专家和顾问（如美国高德纳咨询公司及其曾经的竞争对手麦塔集团，麦塔集团主要是在信息技术方面为公司提供咨询建议），这样他们就有时间写与发布会相关的文章了。或者在有专家的情况下，他们可以就我们的产品向客户提供建议。

这次发布会对我们来说是一件大事，是我们梦想了五年并为之奋斗了两年的高光时刻。在发布会上，我们将向全世界介绍我们的产品。这是我们公司的一次重大亮相，也是我们的产品在销售领域的一次重大亮相。

但是，我们还没有准备好。

我们在几个重要方面都做错了，其中任何一个错误都可能危及公司。第一，我们营销的是技术产品而不是解决方案。客户付钱是为了解决问题，而不是因为这是一个可以让他们感到开心的技术。我们应该将其定位为一个能解决客户问题的方案。我们的广告、我们的公关工作，一切都应该针对具体问题。

第二，我们的营销团队没有向高级管理人员推销产品的经验。我们对许多客户进行的销售难度评估都建立在空想的基础上。我相信我们的团队，也相信团队提供的数据。问题在于，我们的销售团队没有向目标客户推销产品的经验。我们的目标客户主要包括大型国际公司的销售副总裁、首席执行官以及首席财务官。他们以前销售的软件与我们现在的软件看起来非常相似，但目标客户是完全不同的。

第三，我们的软件开发团队创建了最好的工具，却并没有提供任何实际的解决方案。我们的技术产品可以让你针对具体问题快速设计解决方案，但它无法提供现成的有效解决方案。从潜在客户的角度来看，它没有达到要求。

最后一个错误是一个巨大的错误，而它完全是由我造成的。虽然我是公司的负责人之一，但我没有雇用工程副总裁，所以我需要直接对产品负责。作为主要的开发工程师之一，所有开发人员都需要向我汇报，而我对项目却没有给予足够的关注。

在公司为产品发布会做准备时，我也在为营销宣传做准备。我直接与策划推广团队和公关公司对接，筹备发布会，为其进行预热宣传，相关宣传活动将在产品发布会举办前三周全面展开。此次发布会在那年的大型自动化展销会期间举行，它现在被称为 CRM 展览，CRM 意为客户关系管理。那一年，这个展览在芝加哥海军码头的会议中心举办。

当时，我的注意力不在这方面，我没有参加任何讨论项目安排和产品功能的工程会议。更严重的是,我没有关注事情的进展。我拥有一个世界顶级的开发团队,我完全信任他们开发出来的产品,也完全相信公司的未来。

  我错了。不是因为我的团队不值得信任,而是大家误解了"完成"的定义,即在最后期限到来前完善产品功能。对优秀的开发工程师团队来说,设定最后期限是一种常规做法,在大型行业展或贸易展中人们通常会这么做。我应该定期举行进度会议,确立正式的流程,并随时跟踪项目进度。进度延迟是在不知不觉中发生的,我确信我的团队没有意识到他们漏掉了什么。回顾过去,团队成员一定认为我知道产品的情况,因为他们没有任何隐瞒,他们也都在加班加点地工作,以保证在最后期限到来前完成任务。

  问题在于,从市场营销的角度来看,那些被开发人员视为次要因素而被忽视的功能其实是必不可少的。由于开发人员不是营销人员,所以他们并没有意识到这一点。我是连接开发部门和营销部门的关键一环,但是我没有做好沟通工作。

  当时我已经和外界、公司董事会,以及负责公司首次公开募股的投资银行提前打好了招呼,并表示我们已经做好了充分准备,而这也让问题变得更严重了。如果可以早点儿意识到我们的工作可能无法尽善尽美,我就可以介绍实际情况,让对方不会有过高的预期。现在,我在外面的人眼里变成了言而无信的卖家,而我在董事们的眼里就是一个糟糕的经理。帕特里克·格雷迪是在投资银行里负责处理我们业务的人,他认为我是一个骗子,因为他知道我们项目的实际进展明显落后于计划。他会根据公司的实际表现来向投资者推荐股票，而他也理所当然地将错误归咎于我。当然我知道自己并不是一个骗子，但我能理解他这样想的原因。我责无旁贷，因为他不得不回去转告他的潜在投资者，事情并不像他之前认为的那样美好。

帕特里克向我们的董事会推荐了两位优秀的新成员，他们是埃德·埃斯伯和乔·马伦吉。

埃德·埃斯伯是高科技领域最早出现的明星之一。他负责 VisiCalc 的市场营销，VisiCalc 是世界上最早出现的电子数据表格公司。他也曾经是数据库制造商安信达巅峰时期的首席执行官，还是当时世界上最大的磁盘驱动器制造商——美国昆腾公司的董事。

乔·马伦吉曾担任戴尔公司的高级副总裁。在此之前，乔曾在网威公司担任首席运营官。网威公司生产制造了 CP/M 和 Netware，CP/M 是早期个人电脑的第一个跨平台操作系统。在互联网和 TCP/IP 协议普及之前，Netware 一度是世界上最流行的网络协议。雷·诺达曾在网威公司担任首席执行官长达 12 年。雷·诺达退休后，乔是首席执行官的候选人之一，另一位候选人是埃里克·施密特，他后来是太阳微系统公司的首席执行官，现在在谷歌公司担任首席执行官。

我们的销售副总裁里克·梅勒帮我将彼得·皮斯克招进了董事会。彼得曾是万维公司的创始人、首席执行官兼总裁。万维公司是当时高科技界的宠儿之一，在几年前就完成了首次公开募股。

在彼得加入公司时，公司的市值已经超过 5 亿美元。在互联网进入蓬勃发展期之前,这样的市值对一家新公司来说无疑是巨大的。彼得是一个全能的天才，他拥有丰富的高端销售经验。

那时，我们公司位于内华达州太浩湖北岸的小镇斜坡村，与硅谷仅相距 200 英里。我认为，如果能够吸引有经验又成功的高管加入公司董事会，就意味着我们有机会获得成功。他们的加入强化了我的直觉，我们真的是一家很特别的公司。

事情进展得很顺利，直到"半路杀出个程咬金"。

经验丰富的法务团队

威尔逊 – 桑西尼 – 古奇 – 罗沙迪律师事务所在高科技圈中鼎鼎有名。它在硅谷被称为威尔逊 – 桑西尼事务所或者 WSGR，被誉为硅谷最好的律师事务所，在帕洛阿尔托、纽约、圣迭戈、旧金山、西雅图、上海和华盛顿均设有办公点。我们非常有幸成了这家律师事务所的客户。

我们在 WSGR 的代理人是史蒂文·E. 博克纳。他是一个非常聪明且随和的人，也是全美最好的主攻高科技领域的律师之一，他曾带领多家大型高科技公司成功上市。他曾在加州大学伯克利分校和斯坦福大学法学院教书，也曾在斯坦福大学商学院和加州大学伯克利分校哈斯商学院担任风险法和商业问题研究课程的客座讲师。史蒂文的其他客户包括应用材料公司、欧特克公司、高盛、红杉资本，这些公司在硅谷乃至整个世界都享有盛名。

所以，我们真的很幸运，可以拥有史蒂文这样一位优秀的律师来帮助我们完成首次公开募股的准备工作。我即将开始在史蒂文的指导下开展相关工作，主要包括两件事：（1）编写招股说明书。在被允许公开出售股票之前，公司需要将招股说明书提交给美国证券交易委员会以获得批准。（2）路演。公司需要组织路演，向投资银行推销我们的公司，这样它们才能向客户推销我们的股票或投资产品。

我很快就发现，首次公开募股的过程就像是集体写作，这简直就是一场噩梦。想象一下，10~15个人坐在一间超大的会议室里写一份长达35页的文件，并且这份文件可能让潜在的投资者感到既惊讶又害怕。这个过程本质上就是公司管理层、投资银行，以及各自的法务和会计团队的文字游戏。

北欧化工的管理层包括我自己、销售副总裁里克·梅勒，以及我的老朋友蒂姆·阿诺德。里克·梅勒是一位大投资人，他在吸纳几名重要的董事会成员时发挥了重要作用。蒂姆·阿诺德是一位不可思议的多面手，他一边负责北欧化工的业务工作，一边又自学了很多会计知识，并在以首席财务官的身份帮助公司上市。

北欧化工的管理层和投资银行的帕特里克希望我们的招股说明书写得很有吸引力，这样才能吸引投资者。但是，法务和会计团队则希望我们的招股说明书可以详细列出所有可能存在的风险，以确保我们不会被股东起诉，"所有可能存在的风险"听起来似乎还包括陨石撞击我们公司总部的风险。

法律团队由史蒂文·博克纳与两位负责撰写预期说明的律师共同组成。史蒂文不仅是一位经验丰富的资深律师，还是WSGR的高级合伙人。另两位负责协助的律师都毕业于斯坦福大学法学院，一个有大约三年的工作经验，另一个则是刚毕业的新手。这种安排很典型，也很合理。我们不能指望史蒂文这样才华横溢的律师在我们写招股说明书的两周时间里和我们形影不离，毕竟他还有其他客户。只有当出现争议或者问题超出我们的能力范围时，才需要他的建议。

我们在整整一周时间里，每天花16个小时在WSGR的办公室编写招股说明书，之后又花了一周时间与金融印刷商对接，他们可以用复杂的软件跟踪每一页的修订情况（在Microsoft Word有这些功能之前，我们就是这样办公的），这样我们就可以轻松而准确地进行一次又一次的修订了。

在最后一个星期五，也就是我们预计结束工作的那一天，在吃午餐的时候，那位经验更丰富的助理律师把我拉到一边，提醒我，他认为帕特里克对我不怀好意，想取代我成为首席执行官。对此，其实我并不觉得意外，我知道帕特里克现在是一位热门人选。我们的产品还没有准备好，这意味着公司不会马上盈利。所以，对北欧化工进行投资是有风险的。反过来，这也意味着我们首次公开募股的价格会比较低，对投资人来说也可能没有什么吸引力。

这位助理律师提议，我们与投资银行的法律协议应该包含禁止投资银行发起代理权争夺战以更换董事会的条款。代理权之争是指向每一位股东寄送一封信，告知各位目前正在寻求成立一个与管理层提议的董事会不同的董事会。这样做通常是为了在事后撤换高管。我告诉那位年轻的助理律师，我认为帕特里克不可能同意将这个条款加入协议，但是如果他愿意的话，他可以咨询帕特里克的律师。我警告他，这个提议不能对我们的交易产生任何破坏性影响。这笔交易必须进行下去，我认为争夺代理权的风险不大。此外，我认为帕特里克应该在和我们一起工作一段时间后就会冷静下来。然后，我几乎就把这次对话给忘记了。

大约14个小时后，我们终于写完了这份招股说明书，并将其作为提交给美国证券交易委员会的最终版付印。在经历了整整两周，每天12~14个小时的奋斗后，我们总算完成了这份招股说明书。

编写完招股说明书后，我告诉大家我要出去查看语音信箱，然后再给家里打个电话。差不多5分钟后，我回到房间，看到了帕特里克铁青的脸。他和我说这笔交易谈不成了，接着他走出房间，穿过大厅，离开了大楼。与他合作过很多次的律师和我说，帕特里克是非常认真的，他认为我们再也无法挽救这笔交易了。

我睁大了眼睛，想知道在我走出房间打电话时到底发生了什么。

两位助理律师的脸色看起来都异常惨白。他们把我带到另外一个房间，战战兢兢地告诉我，他们在我出去的时候向帕特里克的律师询问了有关禁止争夺代理权的事。帕特里克认为是我让他们这么做的，他认为我们之所以这么晚告诉他，是因为我们认为他在这笔交易中已经投入了很多时间，拿准了他不会退出。虽然帕特里克误会了我，但是我能理解他为什么会在这个时间点感到愤怒。根据他的假设，他有理由取消这笔交易。

两位助理律师感到很惊讶，因为我并没有生他们的气，毕竟我自己也经历过这些。缺乏经验有时会让人做出糟糕的决定，原因可能仅仅是缺少一些特定的必要信息。他们做了一件非常愚蠢的事，这件事很有可能让他们的客户北欧化工和牵涉这件事的所有人破产。帕特里克非常失望，指责了 WSGR，因为在他看来这是 WSGR 的失职。

我没有让 WSGR 对此事负责，因为是我和那位助理律师说可以询问对方的。通过这件事，我彻底意识到，帕特里克对我缺乏信任。我本应在那位助理律师提出加入禁止争夺代理权条款时果断回答一个"不"字。我知道帕特里克不会同意，我们就不应该提出这个问题。这的确是我的失误，因为我做梦也没有想到两位助理律师会在如此糟糕的时候提问。但是，我不能因为这件事而责怪他们，毕竟他们是在执行一件我已经明确同意了的任务。

他们都认为这笔交易肯定要失败了。事实上，这意味着我们将会破产，因为我们一直等着用募集来的资金维持公司接下来的运营，而且我们也没有备用计划。我告诉各位同事，我可以挽救这笔交易。在接下来的几天里，我给帕特里克打电话并同意了他解除两名现有董事职务的要求。这使得包括我在内的内部董事与外部董事之间的比重达到了平衡状态。这种平衡状态可以确保北欧化工的管理层除了要以我们自己的利益为重，还要以投资者的利益为重，例如不会以工资与股票期权相结合的方式为自己支付过高的薪酬。

董事会构成的这种变化，实际上意味着，如果我再把事情搞砸，董事会就很可能解雇我。实际上，我不得不放弃对公司的控制权以拯救公司。我不得不要求董事迈克·卡瓦洛退出，而他不仅是我的朋友，也是我参加海龟计划时的同伴。迈克担任董事并为我提供建议已经有一段时间了，而另一位被要求退出的董事则是我的父亲。亲自告诉他们，他们需要离开董事会是我有史以来做的最困难的一次决定。我的父亲伤透了心，我敢肯定迈克也对此感到很震惊。迈克不仅是董事，还为公司投入了大量资金。由于是首次公开募股，所以迈克在一整年内都不能卖出他的股份。我让朋友失望了，这种感觉真的很糟糕。

大约一年后，新的董事会成立了。帕特里克成了公司的首席执行官，我失去了对公司的控制权。又过了一年左右，北欧化工破产了，股票价格变成了零。

我没有密切关注产品开发的过程，这导致了后续的一连串事件。我用8年时间创建了这家公司，但后来却失去了它，也失去了几乎所有的投资。帕特里克对我的不信任使我们之间发生了权力纠纷，这导致公司在与希柏系统软件有限公司的竞争中败下阵来。在接下来的几年时间里，希柏系统软件有限公司逐渐发展成一家价值数十亿美元的公司。在帕特里克和我为公司的发展方向争论不休时，汤姆·西贝尔轻易地打败了我们。

由于我没有密切关注现实，我们的投资者损失了本可能赚取的数十亿美元。

如果我当时积极地确认现实情况就好了。

12

及时反应

比起因犹豫不决而错过行动的时机,迅速采取行动,尽早试错可能会更好。

——卡尔·冯·克劳塞维茨

我曾和很多不同的初创公司合作过,当时它们都正处于需要做出重大决策的阶段。它们都有一个共同特点,就是不清楚自身的角色和决策本身的作用。

几乎在所有创业公司和快速变化的行业中,人们所做的决策都存在高度的未知性,这些决策往往会影响接下来的一系列决策。决策没有终点,因为在高度不确定的情况下,一切都是暂定的,未来很可能会发生变化。花大力气制订的 5 年市场计划往往只能按部就班地执行 6 个月,因为计划会根据用户和竞争产品的情况进行更新和调整。

因此，很多人的关注点都在于：如何做出正确的决策或者建立可以完美预测未来的模型。这些关注点本身就是错误的，甚至可能是危险的，关注它们是在浪费时间。对一个还在努力奋斗以实现盈亏平衡的创业公司来说，时间通常是最宝贵的资源。

当时间很重要时

在人类发展的过程中颇具讽刺意味的是：有时找到正确道路的最快方法是果断选择一条错误的道路。我们在之前的章节中讨论过这个问题，这和我们接下来要讨论的话题也有相关性。

尤其是在进行软件开发时，我发现，需要一大群人共同做出的决策通常可以通过一种方式快速解决：将团队分成两组，让他们按照各自喜欢的方式工作。

这意味着可能有一个团队在编写一些能进行快速运算的代码，而另一个团队在编写一些安全的传统代码。如果可以进行快速运算的代码在你需要的时候还没准备好，那么也可能意味着你会在当前的项目上浪费几个星期时间。但是，你可能已经节省了同等的时间，因为你避免了与人争论，避免了面对所有由于无法统一意见导致的痛苦和背叛感。由于另一个团队编写了传统的代码，这也避免了由于没有快速运算代码而导致项目处于风险之中的危险。如果没有提前准备备选方案，那么当你临时想将快速运算代码替换为更安全的传统代码时就已经太晚了。

2008年9月11日,我们一觉醒来,看到了一些关于雷曼兄弟的相当糟糕的负面消息。虽然我们没有持有雷曼兄弟的股票,但在一些机构账户中有一些债券的小头寸。我们不得不在大街上就打电话下达交易指令,允许买方在72~74美分之间竞价购买。我们决定卖出债券的一个理由就是:"在雷曼兄弟陷入困境的情况下,要不要以72美分的价格建立一个新头寸?"我的合伙人兼投资组合经理马特·罗杰斯简单地计算了一下,如果雷曼兄弟幸存下来,那么该债券还有30美分的上涨空间。如果它挺不过来,那么该债券可能至多下跌72美分。于是,我们卖出了债券。次日,雷曼兄弟就宣告破产了。

——尼尔·甘农

当时间紧迫时,你需要迅速采取行动。

对所有需要在高度不确定的情况下做出的决策来说,时间很重要。当市场出现负面信号时,交易者需要迅速离场。当现实情况发生变化时,企业家需要迅速做出反应。同理,医生需要及时对患者进行治疗。

有关北欧化工公司还有另一个故事,这个故事说明了在还能改变局面的情况下及时采取行动的重要性。

北欧化工公司的自我毁灭

我在北欧化工公司的最后一年过得很痛苦,大部分时间,我都坐在冷板凳上,看着新任首席执行官做出我本不会做出的决策,而董事会也没有采取本应迅速采取的行动。这是由我一手创建的公司,但我却觉得自己像个局外人,很快就会被扫地出门。帕特里克试图让董事会相信,我一直打算"让人收购这家公司",或者试图为它寻找买家。虽然我从来没有做过这样的事情,但我曾对几个资深员工说过,我认为这对我们来说是最明智的做法。

通常一个产品发布后,有12~18个月的新品集中销售期。但是,我们的第一个产品却错过了那个机会。大约一年后,我们的竞争对手提出了两点彼此独立但同样致命的质疑:(1)如果我们的软件像我们宣称的一样好,那么我们应该卖得更多才对;(2)如果我们的销售额不能和成本持平,那么我们会因为严重缺乏流动资金而不得不离开市场。对一家大公司来说,它不可能从一家可能就快要倒闭的公司购买关键技术产品,第二点质疑对我们来说是最致命的打击。它很真实,并正在扼杀我们。

首次公开募股后,我们筹集了1 200多万美元。以我们当时的财务支出水平来说,这些钱足够我们维持12~18个月了。在经历了一年的惨淡经营后,我们需要更多资金,因为没有任何大公司会从一家资金只能维持6个月的小公司那里购买产品。所以,我们决定再公开募集600多万美元。我们希望有了这些钱后,大公司就愿意和我们进行业务往来了。我还在那家公司时,我们先后募资两次。每这样做一次,我们成功的概率就更小一点儿。如果我们没有取得很好的销售业绩,就说明竞争对手的质疑是对的。

在这一点上,我们的销售情况的确有些让人难堪。我们有四个主要客户：第一个客户是北方电信，也就是后来的北电网络，该公司是当时世界上最大的移动自动化装置公司，后来也成了互联网的宠儿，因为该公司制造了许多电信公司使用的网络设备。第二个客户是美国新思科技公司，该公司是电脑芯片设计软件的供应商。第三个客户是马士基航运公司，该公司是世界上最大的集装箱货运集团之一。第四个客户是海德堡印刷机械股份公司，该公司是全球最大的印刷设备制造商。这些公司都是销售组织遍布全球的大公司。其中的两个客户——美国新思科技和北电网络，在公司上市之前就已经是我们的客户了，主要原因有两点：（1）我们有像麦金塔电脑一样的市场上最好的技术产品。（2）我和销售人员积极地进行线下销售。我们之所以后来能够与马士基航运公司建立合作，是因为美国科技公司是我们早期的客户，且其持有马士基航运公司的股份。

我们用 1 800 万美元来扩大公司规模，大部分钱用在了销售和市场营销方面，但我们却只新增了一个客户。在里克·梅勒和我两个人为销售产品而东奔西跑的时期，我们的业绩比之后要好，即使那时我们甚至没有销售团队。在参加最后一次董事会会议时，我告诉其他董事：我们应该卖掉公司。

但我不知道的是，帕特里克在会议前已经告诉其他董事，我想背着董事会偷偷卖掉公司。

事实并非如此。尽管我认为出售公司是我们最好的选择，但是我没有做任何卖掉公司的尝试，甚至没有向外界暗示我们正在考虑这样做。尽管如此，董事们还是很生气，以至根本没有人听我说话。是否出售公司及以什么价格出售公司都需要由公司董事会来决定，对上市公司来说更是如此。如果我真的做了帕特里克指责的事情，那么董事们有充分的理由生气，但是我并没有这样做。最终的结果证明，董事会因无视我的建议付出了很大代价。

不到两年，我通过小道消息得知，北欧化工公司的管理层正试图将公司的大部分卖给思科公司。但这已经太迟了，可能有什么协议在最后没有达成一致，这笔交易在最后一刻被取消了。

我们本来是有时间应对的，但是北欧化工公司的所有人都放弃了这个机会。北欧化工公司停止运营并宣布破产，公司的投资者、客户以及员工都为此付出了惨痛的代价。

伊卡洛斯再次陨落

在北欧化工公司倒闭之后，我的计划发生了变化。公司的股价变为零，这让我开始无法负担自己的个人开支了。当时，我还在筹划给我新创立的一家公司组建管理团队。我已经负担不起飞往全国各地的机票和其他相关费用了。我需要找一份工作。

在思考了一段时间之后，我意识到这也许是一个天赐的良机。因为在担任北欧化工公司的首席执行官时，我与硅谷在那段时期如火如荼开展的活动脱节了。即便是在那个时候，我也没有意识到，硅谷的集聚效应对新兴高科技企业来说有多么重要。我看到了一些现象，但因为离得太远，我还不明白其中的奥义。无论如何，我决定瞄准硅谷的企业。

对大多数风险投资人来说,如果你不常驻硅谷,你就不是在认真做风险投资。就是这么简单。你大可以说招聘来自那里的工程师很简单,但事实证明,我们无法赢得这些工程师的青睐。为什么?因为他们了解当时的硅谷,而我则不然。硅谷有它自己的运作方式。

所以,在互联网狂热的浪潮中,我决定走进硅谷看看。

有一个猎头给我打过不少电话,他向我推荐了一份伊卡洛斯公司的工作。这是一家新公司,它似乎与我的专业和背景很契合。北欧化工公司倒闭的主要原因是我们没能及时开展营销和销售工作,所以这次我想找一家与之风格相反的技术公司——拥有聪明的营销和销售主管,同时公司的工程部门可以提供相关协助。我想了解一流的公司是如何做营销和销售的,而伊卡洛斯正好是这样的一家公司。

道格·梅里特是伊卡洛斯公司的老板。他是一位年轻、有魅力、聪明、人脉丰富,几乎人见人爱的首席执行官。员工都很喜欢伊卡洛斯,也非常乐于为道格工作。伊卡洛斯的业务内容包括帮助组织做出更好的招聘决策来让世界变得更好。更好的员工意味着更好的公司,这就是伊卡洛斯的理念。

在伊卡洛斯,我担任产品部门的技术顾问,帮助公司重新设计主要产品。当我为伊卡洛斯做出几次重大贡献后,道格希望我能全职为公司工作。我真的很喜欢那里的同事。在许多方面,伊卡洛斯都称得上是一家伟大的公司。但是,伊卡洛斯存在一个严重的问题。在我看来,这个问题是最后摧毁伊卡洛斯的原因。因此，我一直没有同意道格的提议。

伊卡洛斯的预兆

在伊卡洛斯工作非常有趣。公司的名字就很有意思，而且读音听起来也很不错。但是，如果你对希腊神话里伊卡洛斯的故事很熟悉的话，你就知道伊卡洛斯的结局了。这样看来，公司的名字似乎取得不太妥当。

在希腊神话中，伊卡洛斯是克里特岛工匠代达洛斯的儿子。米诺斯国王委托代达洛斯建造一座用来囚禁牛头怪的迷宫。代达洛斯协助米诺斯的女儿阿里阿德涅破解迷宫后，米诺斯将代达洛斯和他的儿子伊卡洛斯流放。阿里阿德涅告诉了她的情人忒修斯杀死牛头怪的方法，然后给了忒修斯一个红线球，用来记录他进入迷宫后走过的路。

代达洛斯是一位技艺高超的工匠，他可没那么容易被打败。由于米诺斯控制了克里特岛周围的海域，所以代达洛斯决定从天上逃跑。他用蜡和鸟羽做了两对翅膀，一对自己用，另一对给了儿子伊卡洛斯。代达洛斯警告伊卡洛斯不要飞得离太阳太近，因为太阳会让蜡熔化。伊卡洛斯没有对父亲的警告给予足够的重视，他飞得离太阳太近了，以至翅膀上的蜡融化了。然后，他便坠落到地上摔死了。

对后来以他的名字命名的公司来说，这也许是一个不祥之兆。

道格是个很好的领导，他是从销售部门晋升上来的。他对营销和销售的嗅觉很灵敏，但他不了解应该如何发展公司。在一个由营销和销售驱动的技术公司中，你需要一个很强大的工程副总裁对其进行平衡，否则公司的产品不会像宣传手册上展示的那样好。伊卡洛斯的领导者包括许多硅谷最好的风险投资人，所以我知道，道格在雇用他的工程副总裁时得到了一些非常好的建议。我也相信他最终聘请的副总裁一定很称职，而且非常出色。然而问题是，当时正值互联网泡沫的巅峰期。

硅谷的泡沫已经快要破裂了，大家意识到这件事将要发生只是时间问题。身处商业世界的人能更早意识到这一点。原来只管理项目小组的人，现在却成了整个部门的总监，初级开发者现在承担着高级的任务，原来的总监现在一跃成了公司的副总裁。大量新想法吸引了大量资金，太多员工在能力上存在着巨大的不足，而公司的高级管理层却对此一无所知。

在软件开发方面，伊卡洛斯的问题在于，工程副总裁过去习惯管理由大量资深且经验丰富的工程师组成的大型团队，这些人往往能够很好地胜任自己的工作，他们知道自己能做什么或不能做什么。副总裁以前所在的公司在招聘人才方面也很有经验，所以他手下的员工都很擅长做自己手头的工作。他的管理模式在他之前的公司确实非常奏效。

但是，在创业公司，情况就不同了。当有工作需要做时，人们会立即投入工作。有时，为了力争上游，人们还会强迫自己做一些超出能力范围的事情，比如设定无法实现的任务完成期限，他们也会空口承诺一些不知道应该如何实现的产品功能。通常，这样做是出于好的意图。伊卡洛斯的员工大部分是新员工，好多人都是斯坦福大学或加州大学伯克利分校的应届毕业生。虽然这些新员工都足够聪明，但是他们缺乏远见和经验。这些问题会让公司的情况变得更糟。

这样的环境并不适合一个从经验丰富的管理团队中晋升上来的工程副总裁。他不适合管理这家公司，因为他甚至一开始就没有意识到这里有问题，这是他的想法与我们的实际情况脱节造成的。在他之前的公司里，他的管理方法是有效的。但是在伊卡洛斯，如果考虑到所有因素，由他来管理公司简直就是一场灾难。

我记得，在我来伊卡洛斯还不到一周的时候，我在质量保障部门看到了一张图表，图表上面的信息显示工程部门遇到了麻烦。这张图表很简单，主要是用来跟踪记录每周发现的漏洞数量和修复的漏洞数量。看了两秒后，我发现伊卡洛斯想在接下来的一周内向客户发布软件纯属幻想。软件出现新漏洞的速度远高于修复漏洞的速度，实际上漏洞数量每周都在攀升。上述问题意味着软件开发工作已经失控。

我当天就去找了道格，并且告诉他，当前版本的软件，问题比他意识到的还要严重。虽然他和新的工程副总裁都知道软件有问题（这就是他们想要重新设计一款软件，以及在技术方面寻求我的帮助的原因），但是他们没时间重新编写软件代码了。他们的客户会根据已经交付的软件版本来进行评估。没有时间了，他们需要修复现有产品，这意味着要召集最好的工程师，集中精力修复漏洞。我觉得在我的协助下，伊卡洛斯会逐渐好转的。我将与工程副总裁和首席技术顾问一起解决这些问题。

后来，道格给我安排了一个副总裁级别的职务，并让我负责一条新的产品线。我很喜欢在伊卡洛斯工作，于是我接受了这个职位。然而，在做出这个决定的几天后，公司内的许多人显然对把我从一个没有实权的顾问岗位调至负责主打新产品的副总裁岗位这件事感到不满。我能猜到，大概有人觉得自己被忽视或者受到威胁了，但最重要的是，几天之内我就清楚地发现，公司对我的提拔是个错误的决定。我真的不愿意疏远那些已经与我成为朋友的人，所以我决定离开这里，寻找其他顾问工作。

在我离开一周后，我和道格共进了午餐。我想告诉他关于工程副总裁的真实情况。我告诉他，工程部门的混乱已经远远超出了他的认知，即使他不会立即解雇工程副总裁，他也会在 6 个月之内解雇他。但是，如果拖到那个时候，公司和客户之间的矛盾就会积重难返，甚至危及公司的生存。

道格问我为什么没有早点儿用严肃的态度将这件事情告诉他。我告诉他，我一直想让自己成为解决方案的一部分。工程副总裁是一个好人，但是如果身边缺少懂技术，知道如何管理复杂项目，还能为他提供建议的人，他是无法独立胜任管理工作的。简而言之，我的离职使工程副总裁离开这件事成为必然。道格需要招聘其他了解技术的高级管理人员。

道格很认真地考虑了我的建议。我听说他有段时间甚至将自己的办公地点搬到了工程部门。问题是，道格感到很矛盾。在他眼里，工程副总裁既能干又聪明，但实际的工作情况却让他无法接受。由于道格没有软件开发的背景，所以他无法从本质上理解这个问题。假设是销售部门出现了问题,那么他一定可以理解。

大约6个月后,我已经在另外一家创业公司工作了。有一天,道格给我打电话,约我一起吃午饭。吃饭时,他告诉我他决定解雇工程副总裁。因为我认识伊卡洛斯的许多精兵强将,于是他请我回去担任顾问,并帮他推荐一位继任者。事情的发展正如我所预料的那样,软件的表现没有达到预期,新客户很不满意。伊卡洛斯陷入了困境。

重新回到伊卡洛斯后,我对伊卡洛斯的财务状况感到有点儿惊讶。八九个月之前,伊卡洛斯还从一些最有经验的风险投资家那里筹集了超过1.5亿美元的资金,其中包括硅谷最知名的凯鹏华盈。伊卡洛斯的资金一定在疯狂地流失。据我估计,那个漏洞满满的产品直接或间接造成了大量资金损失。为了让客户满意,公司需要派出由5~8名工程师和项目经理组成的团队,去客户的公司现场解决对方遇到的问题。这样一来,产品销售得越多,亏损就越多。虽然公司会把售后支持服务的成本计入产品报价,但由于客户发现的漏洞层出不穷,日益增加的成本超过了原本的产品报价。据我估计,由于缺乏功能完善的产品,公司的售后支持服务成本占了整个运营预算的40%~50%。

接下来的6个月,在公司经历了一系列裁员之后,我帮伊卡洛斯找到了新的工程副总裁,并且修复了产品的漏洞。等顾客终于满意的时候,互联网的鼎盛期已经过去。时间在向前流动,伊卡洛斯却止步不前了。最后,管理层不得不继续裁员,并最终将公司出售给了另外一家公司。就像它的名字一样,伊卡洛斯飞得离太阳太近了，当翅膀无法继续支持这次飞行时，伊卡洛斯只能面对坠落的命运。

解雇前任工程副总裁的最佳时机是 6 个月前。如果公司可以早点儿解雇他，也许情况就会大不相同。

但这就是创业公司的问题所在，一个错误就有可能置公司于死地。仅仅数周或数月的拖延就可能导致巨大的失败。如果想把风险扼杀在摇篮里，你必须始终及时采取行动。

13

正确地犯错

做正确的事情，它的结果会让一部分人感到满意，也会让另一部分人感到诧异。

——马克·吐温

某一天，我正在观看比尔·奥莱利采访贝拉克·奥巴马的视频，那次访谈发生在2008年民主党和共和党大会之后不久。[1] 奥莱利当时正在谈论美国在伊拉克增兵的问题，并试图让奥巴马承认自己反对增兵的观点是错误的。奥莱利的观点基于以下三点假设：

1. 奥巴马反对增兵。
2. 在美国增兵后，伊拉克的暴力事件有所减少。
3. 奥巴马反对增兵是错误的。

---

[1] 奥莱利因素，福克斯新闻网，2008年9月4日。

无论你是否赞同比尔·奥莱利的政治观点，在这次访谈中，比尔·奥莱利都表现出了一种常见的认知缺陷，即"结果偏差"。结果偏差是指人们倾向于通过事件的结果来评判一个决策的好坏，而不是关注这个决策本身的质量。对那些有结果偏差认知缺陷的人来说，当事情进展顺利并有了不错的结果时，他们就会认为自己做了一个很好的决策；反之，当事情产生了不好的结果时，他们就会认为自己做了一个糟糕的决策。根据我过往的经验，很多人都存在这种认知缺陷。人们在做投资决策时，如果结果是好的，他们就会认为自己做了一个很好的决策；可是如果结果很糟糕，他们就会认为自己做了一个糟糕的决策。然而问题在于，有时糟糕的决策也可能带来好的结果，好的决策反而可能导致糟糕的结果。

根据奥莱利的观点，奥巴马之所以是错误的，是因为增兵带来了好的结果。这也能反映出奥莱利有结果偏差认知缺陷。也许是其他原因造成了暴力事件减少这个结果。也许奥巴马的决策也会产生相同或更好的结果。为了在日后回顾时能够更恰当地评估决策，你需要考虑的是决策本身而不是它所导致的结果。然而，知易行难。

将坏决策从坏结果中抽离

在大多数结果中，运气和随机性所起的作用比人们愿意承认的要多得多。成功人士喜欢将他们的成就归功于自己的智慧和决策能力。有时候确实如此，但更多时候，成功纯粹是运气使然，各种因素恰好在正确的时间出现在了正确的位置上。就像在互联网泡沫时期诞生的大量百万富翁一样，他们仅仅是因为运气好而已。

让我们分析一下伊卡洛斯的道格·梅里特所做的选择。道格招聘了一位不合适的工程副总裁，这直接导致伊卡洛斯破产倒闭。如果道格当时更换一个更善于解决公司问题的工程副总裁，那么伊卡洛斯很有可能会成为今天的行业领导者。

道格最终不得不解雇那位工程副总裁。在选择工程副总裁的过程中，由于道格没有软件开发方面的背景，所以他基本上是在做他认为最好的选择。他雇用的这位工程副总裁在之前的岗位上表现得很好，人也很聪明，是一个有着良好业绩且经验丰富的高管。同时，他也接受过董事会成员的面试并通过了。

在道格做这个决策时，他得到了一些聪明的工程师的合理建议。我知道这个情况是因为我后来遇到了他们中的很多人。最终，道格确信这位新的工程副总裁拥有所有前任工程副总裁都缺少的品质。

站在道格当时的角度来看这个问题，考虑到他所知道的情况和他得到的建议，我认为他做出了一个很好的决策。然而，这个决策之所以会带来糟糕的结果，是因为还有一些他不知道的事情。同时，由于他没有专业背景，他实际上也不可能知道某些事情。如果你沦为结果偏差的牺牲品，那么你对这个决策的想法可能与我不同，但错的会是你。

道格做了一个很好的用人决策。他的错误在于没有意识到有时好的决策也会带来糟糕的结果。有时候，尽管你没做错什么，你也需要迅速调整方向。随机事件、无法控制的因素、不知道的事情，以及不知道从哪里冒出来的竞争对手，都会把一个好的决策变成一个糟糕的结果。

学习正确的经验教训

从过去的经验中吸取教训是非常重要的。但是，在没有理解风险管理七条法则的情况下，你也可能会在犯错的过程中得到错误的经验。专注于决策的过程而非结果，这样可以使你避开结果偏差。对很多人来说，在事后评估自己的决策是很困难的，因为你需要忘记决策带来的结果，还需要尝试在脑海中对决策过程进行复盘。

一个好的决策是你在完全相同的环境、技能，以及知识储备条件下会再次做出的决策。有时，在做出一个好决策的过程中，你会收获新的技能和知识，这些新的知识和技能会让你在复盘时认为自己可以做出另一个决策。它们也许会在未来的决策中帮助你，但在你做出上一个决策之前，它们并不属于你。因此，用全新的视角评估自己之前做的决策是不公平的。不要因为当时不知道或无法预知的事情而自责。要从过去的经验教训中学习，而不是沉溺于过去。现在你有了更多的知识，也掌握了更多的技能，你可以在未来做得更好。

如果你做了一个的确很糟糕的决策,那么你最好承认这一点。不太好的结果有时会给你上一课,而糟糕透顶的结果会给你带来刻骨铭心的教训。当你遇到这种情况时,可以思考以下三个问题:你是否忽略了那些显而易见的问题?你是否忽略了某个领域中更有经验的人提出的建议?当有必要进行彻底检查时,你是否只进行了粗略检查?

在任何类型的投资或创业中,最难的部分都在于决策本身,而非结果,天使投资就是一个很好的例子。通常,公司在成立之初做出的决策会贯穿公司的整个生命周期。但是,尽管你可以在投资前谨慎地从法律、组织架构、人员背景,以及投资潜力方面进行细致的评论,可是一旦你的资金投了出去,一系列全新且不受你控制的变化就可能打乱你原来的计划。

——霍华德·林德森

交易大师

优秀的交易者可以充分理解结果偏差。他们知道,好的交易决策可能会让他们损失资金,而糟糕的交易决策可能会让他们获得收益。在交易中,随机且不可预测的因素是不可避免的。世界上最优秀的交易者有时也会在交易中亏损,而世界上最糟糕的交易者有时也会经历连续几个月甚至几年的盈利。

在某些市场条件下,赚钱是很容易的。几乎任何进行尝试的人都能获得收益。在我的记忆中，一个典型的黄金期是 1997—2000 年互联网泡沫时期的股票市场。如果你在那些年买入并持有科技股，你就一定会赚钱。事情就是这么简单。

最糟糕的交易者是那些将自己和投资者的资金置于过度的风险中的人，这种过度的风险通常是由盲目自信或赌徒直觉导致的。在我的第一本书《海龟交易法则》中，我详细阐述了一个人是如何通过交易赚钱的，以及优秀的交易者与糟糕的交易者之间有何区别。在本书中，我将总结自己从海龟计划中获得的主要经验：

优势交易。寻找一个可以长期产生正回报的交易策略。

风险管理。控制风险，让自己有机会继续交易，否则你可能被迫出局，再也无法获得期望的正回报。

始终如一。始终如一地执行你的策略。

保持简单。随着时间的推移，你会发现简单的策略比复杂的策略更加有效。

以上是我在接受海龟培训时收获的最重要的经验。这些经验可以让我很容易地判断一个交易决策的好坏。例如，如果你做了一笔不符合任何优势策略的交易，那么这是一个糟糕的决策；如果你没有考虑风险就进行了交易，那么这也是一个糟糕的决策；如果你某一次的交易风格没有与你之前的交易风格保持一致，那么这同样是一个糟糕的决策；如果你使一笔交易变得非常复杂，那么同理，这还是一个糟糕的决策。

值得注意的是，这些判断方式与交易是否赚钱无关。好的交易是根据上述原则进行的交易，尽管一些好的交易也会让交易者亏损。

好的交易策略有很多，可能大多数单笔交易会出现亏损，但几笔获得大幅收益的交易就可以弥补之前所有损失。例如，如果你在9笔交易中平均每笔亏损500美元，然后在第10笔交易中获利10 000美元。那么，你尽管暂时亏损4 500美元，但最终却可以获得5 500美元的盈利。如果这9笔亏损的交易是连续发生的，那么根据结果来对你的交易进行评判，你一定会认为自己是一个糟糕透顶的交易者。你甚至可能认为自己无法赚到钱，并决定不再投资。你也有可能质疑自己的交易策略从而做出改变，但这反而让你偏离了正确的轨道。

在我们与理查德·丹尼斯签订的海龟计划保密协议期满一年之后，我开始和几个朋友分享我在接受海龟培训时所学到的交易策略。我向他们传授了进行交易所需要的全部方法。在接下来的几周里，我定期与他们联系，以确保他们在使用正确的策略进行交易。在我这样做过几次之后，这件事便不了了之了，因为我的朋友最终都没有坚持按照正确的策略进行交易，只好接受亏损的结果。

他们都成了结果偏差的牺牲品。他们根据结果来评判自己的交易决策。如果连续六七笔交易都亏损了，他们就会做出改变。他们知道我遵循这套策略赚到了钱，因此没有完全放弃使用它，只是按照自己的喜好对它进行了调整。他们开始只进行"喜欢"的交易，而不进行"正确"的交易。他们选中了一些错误的交易，结果就是亏损。在《海龟交易法则》中，我对与交易相关的结果偏差进行了详细的阐述。在本章中，我想换一种方式谈谈这个话题。因为我发现，交易领域之外的例子对理解结果偏差更有帮助。

结果偏差对医生的影响

讨论人们应该如何在不确定的情况下做出决策这个问题，急诊室医生最有发言权。如果一名急诊室医生根据结果来评估自己的决策，那么这很可能导致严重的后果。

以我在第 6 章中所举的例子为例，如果某个手术的死亡率为 10%，这意味着 10% 的患者会因这个手术死亡，这是一个有风险的手术。通常，如果一个患者暂无生命危险，医生就不会考虑为其进行这种手术。

然而，如果患者的情况危急，在不进行手术的情况下，他的死亡率会上升至 60%，那么此时正确的做法是进行手术。因为患者进行手术的生存率是不进行手术的 6 倍。即使急诊室医生没有丝毫差错地完成了手术，患者仍然有可能死亡。这并不能改变一个事实，即在没有任何新信息的情况下进行手术是正确的选择。

诊断和治疗本身就具有不确定性，这意味着在许多情况下，正确的诊疗方案也可能出现不好的结果。合格的医生对这一点有充分的认识，即使在职业生涯中遇到过正确的诊疗却造成失败结果的病例，他也会坚持为患者提供当前条件下最优的诊疗方案。

这就是医学研究的意义。医学研究能够给予医生更加广阔的视野，为医生做出决策提供可靠的统计数据，让医生对诊疗手段可能产生的结果，以及不同结果出现的概率有精准的把握。医生通常不需要凭借推测进行诊疗，如果关注医学研究领域的最新进展，那么他肯定知道典型病例及其治疗方法的可能结果，并据此确定合适的治疗方案。

尽管如此，就像交易结果存在不确定性一样，任何治疗方法的效果都有可能比预期更好或者更糟。优秀的急诊室医生知道这一点，他们努力不让那些相对罕见的结果影响自己对治疗方法的判断。一名好医生知道，人们容易受到近因偏差、小数定律这两种认知偏差的影响，这会使结果偏差的倾向更加难以克服。

市场的结果永远不会受到左右。良好的前瞻性和判断力可以让人们在特定的信息背景下做出正确的决策，尽管如此，结果依然有可能超出决策者的控制范围。做出积极、正确、灵活而富有前瞻性的决策是优秀交易者和急诊室医生的重要标志之一。

——布鲁斯·提兹

第一种认知偏差是近因偏差。近因偏差是指人们在做决策时倾向赋予近期数据更大的权重。人们通常对最近发生的事情记得更清楚，并认为它们比很久之前发生的事情更加重要。对交易者来说，这意味着上周做的交易比上个月或去年做的交易更加重要。所以最近几个月的损失会让他们更容易怀疑自己的决策，因为这些近期交易的损失造成的心理伤害更大。这一点同样也适用于医生。如果一名医生知道某个手术存在风险，那么即便医生在手术过程中完成了正确的流程，一旦患者在术后出现问题，他也会开始怀疑自己。这种经历会在一定时期影响他的判断。

第二种认知偏差是小数定律。小数定律会加剧自我怀疑的倾向。小数定律是指在较大的样本环境下对相对较小的样本赋予过高权重。这种认知偏差来源于统计学中的大数定律。大数定律是指，如果从一个总体中抽取的样本足够多，那么该样本的情况与总体的情况将非常接近。这一概念是所有质量控制统计抽样和个人偏好问卷调查的基础。如果样本抽取得当，那么仅500人的样本也可以为涉及2亿人的决策提供良好的参考。

然而，样本量必须足够大。小规模的样本并不能很好地说明总体情况。就像一个样本仅6个人的民意调查并不能告诉你在一场政治竞选中谁可能是赢家。

我给这种小数定律的认知偏差起了一个昵称——ESPN认知偏差。这种认知偏差在体育运动中经常出现。人们可能会看到罗德里格斯在周三下午对约翰逊的比赛中获得了66.6%的击球率。可是，人们忽略了罗德里格斯在这三场比赛中只有6次击球，其中4次击出安打。在比赛场数与击球次数如此之少的情况下，你真的无法得出任何有关球技的结论。

在面对一系列不利结果时，这两种认知偏差可能会摧毁一个人的信心。即使你的策略或方法没有任何问题，不利的结果也会让你对自己产生怀疑。这种自我怀疑可能会导致你在最糟糕的情况下转而执行或遵循一个更糟糕的策略。

不偏不倚

对抗结果偏差需要强大的信念，即无论结果如何，你都要相信自己的决策是正确的。在面对不确定性时，要做到这一点相当困难。幸运的是，有两种策略可以帮助你获得这种信念。一种策略能够在混乱的不确定性条件下起作用，另一种策略能够在信息的不确定性条件下起作用。

对混乱的不确定性（比如交易和急救医学中的不确定性）来说，研究为一系列选择的可能结果提供了统计数据。这种关于未来行为特征的统计数据，为在混乱的不确定性情况下做决策提供了坚实的依据。你可能不知道某笔交易是否会盈利，但如果你使用过去25年的历史价格数据对这笔交易遵循的策略进行回测，你也许会发现，18%的交易是有利可图的，那么你就可以因此做出决策。你可能不知道，当患者的心脏停止跳动时，一种特殊的心脏急救措施可以起到挽救患者生命的作用。但是，研究表明，这种急救措施只有在心脏刚刚停止跳动，大脑细胞还没有因缺氧死亡时有效。换句话说，你在短时间内的尝试才是有效的。

对信息的不确定性（例如在商业活动中较为常见的不确定性）来说，你通常无法获得像交易与急救医学那样准确的参考数据，因为不确定性的变量太多了。因此，重要的是提前制订一个易于理解的计划，以及一个与该计划相关的监测系统。这样，当未来发生无法预料的情况时，你就知道应该做什么了。关键是，这个计划是提前制订的，它可以因现实情况的变化而不断调整。

即使你对未来的假设并不正确，你也应该为将要发生的事情制订计划。你应该建立监测系统，确保你的假设不会因为时间的推移而失效。

如果以上这些条件都得到了满足，那么对决策进行评估就相对容易了。你可以问自己三个问题：我当时是否做出了最好的决策？我是否有积极监测现实情况？我是否在必要的时候改变了方向？

做好充分的准备，你才可以避免结果偏差，因为你的注意力将集中在当前的现实和其反映的东西上，而不是过去的事情和你做过的"错误的"决策上。在不确定的情况下，关注当前发生的事情比预测未来将要发生的事情重要得多。

请记住，如果现实情况与你的预期不同，那么一条最初看起来是错误的道路最终可能会变成正确的道路。

在本书的第一部分，我详细阐述了风险管理的七条法则。在本书的第二部分，我将以三篇文章的形式与大家分享风险管理法则的实际意义。在接下来的阅读过程中，请牢记关键的一点：在不确定的情况下，这七条风险管理法则可以使你的决策具有更高的灵活性和安全性。

第二部分

风险管理法则的实际意义

14

阅读、写作、从众

什么是好公民？好公民是指那些从来不说，从来不做，甚至从来不想任何不同寻常的事情的人。学校的存在就是为了尽可能地使人们具有统一性。学校就像一种模具。孩子们在很小的时候就被送到这里，被教育成标准的模样，从头到脚都像是被盖上了官方的橡皮图章。

——亨利·路易斯·门肯

在学习的过程中，你可能会犯错。有时你难以避免犯一些错误，这时，你要学会接受失败。

孩子们本能地知道这一点。通过无数次跌倒，他们学会了走路；通过几年牙牙学语，他们学会了说话；通过一两次烫伤，他们知道了什么是热；通过几次失败的尝试，他们学会了听父母的意见。在离开成年人的怀抱后，他们也可以独立学习。

亲身经历一些事情后，孩子们可以知道自己喜欢什么以及自己是谁。如果学校成为一个只有一种标准答案的地方，我们就辜负了孩子们。孩子们需要空间来成为一个个独立的个体，并了解风险和失败也是可以接受的。

学校在很大程度上无法让孩子们尝试失败从而获得成长。相反，学校的作用是让学生的行为符合规范，尽可能让他们规避风险。

我们正在从一个由少数后殖民时代的大国主导的世界，走向一个由许多国家在一个巨大的国际网络中合作与交流的世界。这使我们的社会面临不断加速的变化和不确定性。美国人要与来自其他国家的精英进行竞争，那些国家的孩子正在接受更好的教育，他们长大后还愿意以远低于美国同龄人的报酬为美国公司工作。那些国家的孩子在冒险精神、实践能力以及创业精神方面要远强于美国的孩子。

此外，我们的世界正面临许多潜在的毁灭性问题。如果这些问题在未来十年内得不到解决，就意味着数亿人有可能会经历死亡与痛苦。目前，全球变暖的程度已经超出了专家对极地冰川融化和气候变化最悲观的预测。如果按照这个速度继续下去，世界上许多人口很多的城市将在几十年内被淹没。石油资源的枯竭会让石油供应稳定或者有能力购买石油的国家与石油短缺的国家之间的关系更加紧张。食物和水资源的短缺将使发展中国家的政府不堪重负，地区的和平与稳定也将因此受到威胁。

如果全人类不能一起努力找到解决这些严峻问题的方法，那么我们一定会面临危机。要获得有效的解决方案就需要在生态技术方面进行新一轮创新，而应用这些创新技术需要我们进行试验并承担风险。渐进式的改变可能是不够的。

美国是世界上最大的经济体，在技术和创新方面一直处于领先地位。然而，对科学领域的研究与开发来说，我们的大部分精力都集中在微小的渐进式改变上。正常情况下，这可能不会成为问题。但鉴于人类目前面临的危机，我们可能需要更多、更彻底的解决方案。我们需要为此做好计划。

为了做到这一点，我们需要从改善教育体系和重新思考如何培养孩子开始。

在我的一生中，某些主题反反复复地出现，尤其是当我对风险的看法与其他人不同并显得极为特殊时。在写这本书的时候，我深入思考了究竟是什么让我发展了自己的观点，又让我保持了对重要事物进行思考的内在意识。我相信这种差异很大程度上是由我的成长过程造成的。

我从小就经常和朋友们在我家屋后的森林和田野里进行户外探险。我父亲总是能确保我们家旁边有一块空地。即便住在芝加哥郊区的时候，我们的住所附近也有一个40英亩的县级森林保护区。我父亲之所以这么做，是因为他认为周围空间更广阔的房子更容易保值。附带的好处是，这个投资决定让我和我的兄弟姐妹有机会在许多不受大人管束的午后自由地玩耍。我从小到大都在户外冒险，有时也会经历失败。

在森林和田野玩耍的经历培养了我们的独立精神和自力更生的能力。这样的精神和能力是一个强大的堡垒，它可以帮助我们抵御现代教育体系以顺从与标准化作为目标对学生进行的压制。对许多人来说，学校只是一个尽量让他们规避风险、消除差异的地方。

现代化的学校

在现代化的学校中，人们希望将学生至少培养成高中毕业生，但是这样的教育体系并没有像你想象的那样存在很长时间。第一次世界大战之前，大多数美国人没有接受过高中教育，这些人成年后去了农场或工厂工作。高中教育是为那些继续读大学的人准备的，是精英家庭的孩子的专属教育。

20世纪30年代早期，富兰克林·罗斯福总统就意识到，在美国农业时代运转良好的教育体系是无法适应工业时代的。因此，他计划为所有美国儿童提供为期12年的义务教育。当时的人们认为，对那些刚刚开始主导美国经济的大公司来说，高中教育是一种很好的职业培训。在大萧条最严重的时期，这项新政策还能防止青少年与成年人竞争工作岗位。

我们当前的教育机构被认为是生产工人的地方，这些工人能够适应更大的工业系统。学校就像一种模具，"孩子们在很小的时候就被送到这里，被教育成标准的模样"。这种学校不是一个可以培养孩子独立才能的地方，也不是一个可以冒险的地方。

鉴于当前的环境与情况，我们需要重新考虑教育体系应该如何调整，以应对变化和不确定性占主导地位的现实。我们的经济不再由工业巨头主导，现在，是改变我们的教育体系以满足新需求的时候了。

学校不鼓励我们质疑和探索。在学校里，我们被教导，权威总是绝对正确的。这种观点不仅错误，而且危险。

以我的经验来说，校长和老师都不喜欢自己的权威受到质疑。学校的运作方式甚至很像工厂的流水线。人们把资金和学生放在流水线的一端，12年后，就能在另一端得到受过教育的成年人。这种流水线式的教育方式是行不通的。我参观过许多人们口中优秀的学校，但这些学校都有一种倾向：奖励顺从的学生，惩罚提出质疑或不服从管理的学生。

读书对我来说很容易。即使是我就读的那所马萨诸塞州最顶尖的高中，学习的方法也大多是死记硬背，毫无挑战性。我们学到的不是历史事件的原因和影响，而是事件名称和发生日期。我们没有被教导如何思考，只需要记住事实，却不需要理解原理。后来我才知道，不单单我们这里是这样的，世界各地的学校都在教学生记住知识，却没有教学生理解这个世界。很多老师会告诉你"这是什么"，但很少有老师会告诉你"这是为什么"。

大学带来的麻烦

这听起来可能有点儿愚蠢，但我上大学的主要目标是弄清楚晶体管是如何工作的。我记得，在大二的电气工程课上，我们的教授第一次在分子层面向大家解释了晶体管的工作原理。这是我教育生涯的一个关键点。

我在读初中的时候就学过原子、分子、电子。我知道如何将晶体管组装成逻辑电路来制造计算机，我也知道计算机编程的原理。但是，我不明白晶体管在分子层面是如何工作的。对我来说，它就像是一个谜。因此，当教授把它们连接在一起并解释晶体管如何在分子层面工作时，我觉得我在伍斯特理工学院的使命完成了。从那时起，我对交易和编程有了更大的兴趣，但学校已经无法教我更多了。

我在伍斯特理工学院上了一门编程课，但我很快就发现，我为哈佛投资服务公司的乔治·阿恩特做的工作比当时伍斯特理工学院最先进的计算机课程还要先进。我还发现，我们使用的 Apple IIe 计算机比伍斯特理工学院分配给编程实验室的计算机的功能更强大。在我看来，待在伍斯特理工学院没有多大的意义。所以，在1983年的秋天，我说服了我父亲退学这件事，并告诉他我要尝试使用我的导师罗奇·巴克教给我的交易方法赚钱。至于接下来的故事，你可以在我的第一本书中看到，书名叫《海龟交易法则》。

就这样，我在大学毕业之前就退学了。我现在仍是大学肄业。

但我雇用了许多大学毕业的人，包括许多从常春藤盟校毕业的学生。总体来说，我发现，一个人的教育水平越高，他的风险偏好就越低。从注意到这个现象以来，我对如何获得高等学位，尤其是博士学位有了更多了解。在美国，如果你想在科学技术领域做任何研究，博士学位是必需的。如果没有博士学位，你就无法在大学获得职位和科研经费。即使私人公司也不会雇用没有博士学位的人去做研究。

科学专业的在读博士通常需要进行探索性研究，以提高自己的学术水平。这意味着他需要找一位至少已经拥有博士学位的终身教授来为他的研究提供经费及各方面支持。这个过程会剔除那些喜欢冒险的人。一个教授不太可能支持那种野心勃勃，想要通过实验来证明教授的观点有误的学生。

1998年7月24日，《将你的科学付诸实践：科学家的职业生涯指南》(*Put Your Science to Work:The Take-Charge Career Guide for Scientists*)一书的作者彼得·费思克在《科学》杂志的职业建议专栏中写道：

此外，研究生教育可能会强化我们的风险厌恶倾向，而这不利于我们在科学或其他领域取得成功。风险厌恶是一个让我刻骨铭心的教训。

风险厌恶是一种让人过度规避风险的倾向，它让人无法理智地权衡风险和回报，也无法清楚地判断何时需要承担合理的风险。科学家存在风险厌恶的部分原因可能是，科研工作本身对厌恶风险的人来说更具有吸引力！从大学毕业生的角度来看，科研似乎是一个非常稳定的职业。只要努力工作，似乎就会得到期望的回报。进入研究生院后，许多学生发现，巨大的经济压力与激烈的科研竞争实际上使知识分子更加保守，也更倾向于规避风险。研究小组会采用保守的、渐进式的研究方法，因为这是获得研究经费的唯一途径。如今，如果一个科研项目负责人（即科研经费申请人）在其研究领域之外提出一个新奇的想法，那么他获得科研经费的可能性是很小的。学生都明白这个道理。对那些大胆尝试新课题，并以此作为毕业论文内容的人来说，如果他们没有任何科研成果，他们就无法获得博士学位。

根据我的经验，这些说法都是正确的。拥有博士学位的科学家极少能够克服风险厌恶倾向并为初创公司做出贡献。大多数人根本无法容忍冒险所带来的风险。实际上，这意味着在美国从事基础科学研究的人绝大多数都是风险规避者。

自下而上的研究

为了支持基础科学研究，美国人投入了大量资金。我们当前的机制对渐进式的创新来说很不错。随着时间的推移，我们的技术水平在稳步提高。但是，这种机制无法使科学创新取得颠覆性的进步。我们可能很快就需要颠覆性的创新成果来应对生态和社会危机，这种危机可能意味着我们无法在地球上获得足够的能量、食物、水。因此，如果我们能够改进寻找答案的方式，那么这会对我们所有人都有好处。

例如，渐进式的进步对替代性能源技术的发展来说可能助力不大。事实上，当前这些技术似乎无法遏制全球气候变暖。许多发展中国家缺乏资金和基础设施来将昂贵且复杂的能源替代方案付诸实践。也有一些国家的政府无法接受这些替代方案所要付出的代价。

那么，我们应该如何进行改变呢？比如，我们应该如何使科学研究产生革命性进展，进而使核聚变发电变成现实呢？我们需要开阔研究视野，尝试接受主流观点以外的想法。要做到这一点，需要从问题的根源——资金着手。

大多数美国科学研究的经费都来自基金资助或捐赠。科研项目负责人提出经费申请，由审查小组进行调查评估。审查小组通常由其他熟悉该领域的科学家组成。他们会根据类似以下列表中的标准来对项目进行评估：

- 项目的科学价值
- 研究方法的适用性
- 申请人的个人能力
- 申请人资源的充足性
- 预算的合理性

（摘自美国能源部网站。）

请注意，前两个标准往往会过滤非主流的、与现有科学观念相冲突的想法。审查小组的成员通常不会选择资助一个他们认为行不通的课题。如果他们认为这个课题行不通，那么其研究方法肯定也不具备适用性。

同样，小组成员也会根据研究人员的学术水平来判断他的科研能力，如曾经就读的学校、曾经合作的科学家、曾经发表的科研论文等等。但是，对科研论文进行评审的过程本身就是一个扼杀独特观点的过程。能够发表论文的科学家通常都是遵循正统科学理论的人，这意味着审查小组只会对那些崇尚正统科研理论的科研人员提供资助。

然而，历史上能够取得重大突破的往往是那些具有叛逆思想的科学家。在爱因斯坦的相对论得到实验证明之前，许多杰出的科学家并不接受这一理论。由于爱因斯坦过于叛逆，他无法在学术界找到工作，因此不得不去专利公司做一名职员。与爱因斯坦的情况类似，大多数审查小组应该也不会认为托马斯·爱迪生是一个称职的科研人员。

因此，要想极大地提高我们在科学和技术研究领域取得突破的可能性，就不能仅靠传统的研究经费资助模式。我们可以通过颠覆这一模式来做到这一点。

目前，审查小组中的小部分人决定哪些人能够得到资助，而大多数科学家才是实际做研究的人。其实，我们可以将一部分预算进行更合理的安排，让科学家和工程师在如何使用这笔资金方面有一定的发言权。例如，预算可以被分为薪水和研究经费，每位从事研究的科学家或工程师每年可以得到10万美元的薪水和10万美元的研究经费。

每位科学家或工程师都可以就他应该如何使用这些研究经费进行发言。每位科学家或工程师都可以选择：是独立负责一个小项目，还是与其他科学家一起研究更大的课题。初级科学家或实验室助理可以选择为更高级别的科学家工作，如果选择这么做，初级科学家的研究经费就可以一起拨给更高级别的科学家。这种分配方式每年都可以重新调整，这样就可以让研究方式更快与最新的研究课题匹配了。

有些人可能觉得这种方法很疯狂，但事实并非如此。这是大自然在进化时所采取的方法：广泛尝试，然后快速消灭糟糕的想法，发展好的想法，并将好的想法作为其他新想法的基础。这是科学家和工程师在"阿波罗计划"早期使用的方法，也是今天最优秀的研发公司使用的方法，比如谷歌。我们应该让科学家和工程师在其工作领域有发言权，因为这些人足够聪明，他们知道什么是重要的，他们需要做什么，他们可以在哪些方面创造价值。

如果我们能至少在一部分科学和技术研究领域采用这种方法，我们就可以吸引更多学生参与大学科研项目。如果那些愿意尝试打破传统思维的人能够在主流研究的边界之外进行探索，并且不需要提供符合经费申请要求的各项资料，我相信他们会被这样的科学研究本身吸引。

除此之外，我们必须确保这类人在开始时没有被科学与技术拒之门外。为了做到这一点，我们需要确保他们不会被不提倡探索与个性的教育体系打压。我们必须仔细思考中小学教育体系中科学和数学的授课方式有哪些可取之处。

教育非常重要，教育太重要了。因此我们不能容忍当前的情况，不能容忍这样一个阻碍探索者进行科学研究的教育体系继续存在。如果我们不能颠覆失败的教育现状，支持实验与探索精神，我们就无法通过创新来解决当前的问题。

我们需要给孩子提供试错的空间，让他们在尝试中学习。当前的教育体系并不能满足这种需求。

当前的社会结构变化是如此之快，我们不能期望一个试图培养标准化思维的教育体系能够为社会做出多大贡献。这种整齐划一的教育方式会阻碍学生适应社会。那些适应性更强、更有生机的组织往往能胜过专业化的组织。对只能在特定条件下取得成功的个体来说，适应性更强的个体往往会取得更大的成功。

有一件事情是可以确定的，即未来会有一些意想不到的事情发生。因此，我们不应该再以现有的教育方式教育我们的孩子，因为我们并不能确切地知道他们在未来 10~20 年需要什么。

15

一起冒险

> 不是因为事情本身很难，我们不敢冒险，而是因为我们不敢冒险，才让事情变得很难。
>
> ——吕齐乌斯·安涅·塞涅卡

作为个体，我们可能无法很好地应对不确定性与风险。而作为团队的成员，当面对不确定性与风险时，我们则几乎会立刻败下阵来。

大多数人天生就厌恶风险。而在社会化的过程中，群体会放大这种风险厌恶。其中，官僚主义是最强大的风险厌恶放大镜。

在官僚机构内，人们的目标是保住自己当前的职位或者晋升至更高的职位。在任何情况下，官僚体制内的人都不想做可能危及自身职业生涯的事。如果做了这些事，他就会成为风险承担者，有可能被从升职链中排除。此外，由于官僚机构的特征是遵守规则与程序，所以任何改变工作方式的尝试都会遭到阻挠。那些阻挠的人会将这种推动变革的行为视作对权力的挑战，以及对他们在体制内稳定性的破坏。

企业的等级制度会强化人们的风险厌恶倾向，政府的官僚体制更是如此。与企业等级制度不同的是，政府的官僚机构往往是不会倒闭或者缩减规模的，这种官僚机构也会导致严重的浪费。即使官僚机构效率很低或者不符合初衷，组织也会倾向于扩张。然而，如果某一企业的效率低下，该企业就会因为无法与效率更高的企业竞争而破产。相较而言，政府的官僚机构更容易被定义成一个垄断机构。无论是否实现目标，它们每年都会获得预算。无论这些预算是否合理，官僚机构中的每个人都会试图证明，一年比一年更多的预算是必要的。这种做法导致的后果是：资金规模与需要解决的问题完全不匹配。这个问题也普遍存在于州、县以及联邦各级政府的官僚机构中。

在本章中，我将首先介绍企业和非政府组织如何实践风险管理的七条法则，以更有效地应对不确定性。其次，我会讨论政府和准政府组织在某些情况下如何有效地应用风险管理的七条法则。在此之前，我会概述等级制度与权力集中存在的问题，这是企业和政府中最常见的组织形态。

扭曲的真相

如前所述，如果你没有准确掌握现实情况，你就不可能有效地管理风险，也无法在不确定的情况下做出明智的决策。等级制度会掩盖真相，因为只有对现实情况进行最有利的描述才符合每个管理者的最大利益。随着层级数量的增加，这一趋势会变得更加明显。高层管理者对实际发生的事情的了解程度要远远少于基层员工。关于这一点，任何在大公司里工作过的人都知道。自上而下了解某事往往是无法知道真实情况的，这也会阻碍企业和政府提高自身承担风险的能力。

这里的问题在于，等级制度中的层级叠加会让"狐狸看鸡窝"的效果成倍地放大。每位管理者负责管理自己所在的区域并报告该区域的状况。除了财务报告的可信度较高，其他报告的真实性均无法判断。透过这种扭曲的俯视镜头进行观察是很难发现真相的。

因此，一家公司要想在不确定的环境下取得成功，最重要的是要有实事求是的企业文化。经营得最好的企业都有这样的文化，鼓励大家说实话，即使说实话是一件很困难的事。这对中型企业来说是很难做到的，对大型企业来说更是几乎不可能。

死板僵硬

官僚机构存在的第二个主要问题是它们缺乏灵活性，而风险管理的第二条法则就是保持灵活。制度、程序、政策共同导致了官僚机构死板僵硬的运作方式。与官僚机构相比，政府机构通常更加糟糕。因为政府机构在处理问题时僵化且不透明。这会导致大量资金浪费。不幸的是，这种问题是普遍存在的。

设置制度和程序通常是为了解决上下级员工缺乏信任的问题。僵化的招聘程序可能是一个很好的例子。例如，官僚型企业招聘一名新员工，一级经理可能需要多次获得三四级管理层的批准。在这个招聘程序开始前，招聘经理首先要提出岗位申请，获得批准后，人力资源部门才能开启招聘程序。接下来，招聘经理还需要向上级汇报被聘用人员的薪酬方案，以获得进一步批准。在每一个层级中，这些审批通常都需要花费数日或数周时间。有时，员工的招聘流程甚至长达几个月。

僵化的制度和程序是组织中的领导者缺乏领导力的表现。信任员工并给员工指出明确方向的组织是不需要严格的制度的，即使大型组织也是如此。但是，绝大多数大型组织都没有这两个关键特征。它们以审批程序代替信任，以规范和流程代替明确的方向。当组织需要改变时，这样的问题处理方式可能是致命的，因为改变制度和程序可能需要耗费数月甚至数年时间。与之相反，一位足够优秀的领导者可以在几天或几周内迅速改变一个大型组织的战略方向。

改变官僚机构的发展方向往往需要耗费数年时间。当组织需要迅速调整策略时，这个问题可能是灾难性的。如果官僚机构的规模不断扩大，又因缺乏灵活性而无法实现其目标，就可能造成数百亿甚至数千亿美元的损失。

重塑企业

问题仍然没有得到解决：我们应该如何提高组织的灵活性，并提高它们应用风险管理七条法则的效率呢？首先，我们要思考如何才能让组织认清事实。其次，我们要进一步研究提升组织灵活性的具体方法。

对任何想要积极应对问题的公司来说，认清事实都是第一步。对那些企业文化本身就对认清事实存在阻碍的大型组织来说，采取一些重要措施是必要的，如重新评估组织内部的结构。一般来说，公司的财务报告可以对公司的真实财务状况做出充分说明，但这只是所有应该采取的步骤的一部分。

为了找到解决问题的方法，我们应该进一步思考，在一个组织中，真相究竟是如何被掩盖的，即每一个层级都是怎样扭曲真相的。基层员工和部门经理通常害怕描述他们所看到的情况，因为他们认为这样做会影响自己的前途，甚至使他们被解雇。为了解决这个问题，企业需要设置一个直接对董事会负责的部门，该部门唯一的任务就是如实向董事会报告公司真实的情况。

这个部门的任务只是准确地描述情况和传达信息，比如财务情况、项目进展、市场反馈等一切真实的情况，此外还有企业的现实处境。在这个部门，每个员工的工作都不受企业日常管理的影响。因此，员工都很有安全感，因为他们知道他们的前途只与是否准确报告信息有关，而不会受到森严的等级制度的影响。

创建一个追踪现实情况的部门也无法彻底解决问题。另一个阻碍组织获得准确信息的重要因素是员工害怕受到管理层的报复。当员工的工作描述与他们上级的工作描述不一样时，他们可能被公司解雇或者因此与领导有过节而无法晋升。这种观点确实符合许多公司的真实情况。当员工与上级出现冲突时，他们确实可能会为此付出代价，即便他们说的是实话。然而，这种观点对企业来说没有任何益处。我从来没有听说过哪个首席执行官或者高级总裁想在不利局面下听到粉饰太平的话。通常，他们都希望在事情还没有恶化到无法挽回的地步时迅速对其进行补救。

在过去的二三十年里，越来越多的迹象表明，传统的金字塔式组织结构无法很好地发挥作用。以项目为导向的公司尝试过其他组织形式，包括所谓的矩阵式组织。在矩阵式组织中，每个员工都有两个上级。其中一个是该领域的专家，另一个是该员工当前工作的特定项目的负责人。矩阵式组织结构可以提高组织的灵活性，人们可以被重新分配到不同项目中，但仍然可以与他们专业领域里的专家上级保持联系。因此，那些拥有大量外部咨询业务的公司，如埃森哲、IBM（国际商用机器公司）以及大部分管理咨询公司，往往都采用这种矩阵式的组织结构。

以下是矩阵式组织的运行方式：假设你是一名技术手册编写者，你被分配到一个为糖果工厂增加一条新生产线的项目中。你的工作是为生产线上每个环节的设备编写一份手册，其中包括糖果条生产线的生产方法与产品制作方法等相关内容。在这种情况下，你需要向两位上级汇报工作。一位是项目负责人玛丽，她负责整个生产线的运行。她有一个项目团队，包括技术工人、电子工程师、化学工程师，还有你。

由于你在矩阵式组织中工作，你还需要向一位更资深的技术手册编写专家马克进行汇报，他负责指导和评估你的工作。同时，他也会根据你的技能和经验将你安排到合适的项目中。

不幸的是，虽然这种矩阵式组织结构看起来比传统的金字塔式组织结构改良了很多，但它仍然存在一个巨大的缺陷，即所有关于事实的信息仍然不透明。假设由于手册内容不准确而导致机器损坏，生产进度因此延迟了数周。这可能是由了解设备运行过程的电子工程师，或了解批量制作糖果的化学工程师提供的错误信息导致的，也可能是负责技术手册编写的你因忽视了某些细节导致的。

你的两位上级都很难确定问题究竟是谁的失误造成的，于是这个问题会变成相互推脱的问题，即每个岗位的人都在责怪其他岗位的人，这会使项目负责人更难了解事件的真相。因此，当此类问题出现时，即使问题能够得到解决，耗时也会较长。

为了解决这个问题，我们需要重新思考传统的、由高管全权负责雇用和解雇员工的等级制度。而更好的方法是让每个员工在公司里拥有三名直接联系人：一名人力资源负责人负责处理薪酬、福利、雇用和解雇等相关事宜，一名资深行业专家负责评估员工的工作成果并为员工提供专业指导，一名项目负责人或高管负责员工的日常工作分配。

为什么将雇用和解雇某人的权力从项目负责人或高管的职权中分离出来很重要？因为信息公开、透明是打造一个灵活组织的先决条件。如果一名员工害怕说出真相，领导层就不会追究到底，这样一来，整个组织都会毁于一旦。

已经有越来越多的公司在对员工进行更高级别的培训，此时，吸纳并留住高素质人才就变得越来越重要。如果一家公司花了数月时间对员工进行专业培训，那么员工一旦离职就会给公司造成时间与金钱的巨大浪费。这就是为什么我建议将传统的由一位高管全权负责的职能分为三个独立的部分：第一部分是与员工个人相关的行政职能和等级划分，这个部门通常被称为人力资源部门，但我更喜欢安·罗德斯对它的称呼，即"人事部门"；第二部分是由特定领域的专家对员工进行指导，这个部门一般由高级技术专家、会计、机械师以及销售人员构成，这些人也能得到更高级别的专家指导；第三部分则是管理和等级划分，这个职能由传统组织结构中负责分配工作的人来完成。

在这种结构的公司里，员工更倾向于对同事说真话。他们的经理或项目负责人既无权解雇任何人也无权干涉他们的晋升，因为这不再是经理和项目负责人的特权。在新的组织结构中，人事负责人和专家会鼓励员工说真话，尤其是在坏消息出现的时候，因为这属于他们各自的工作内容。

这类组织与传统的以单线指挥作为基础的等级制度不同，有以下三个特征：

管理。决定要做什么，设置优先级，为员工分配工作，与相关部门沟通以确保当前工作的准确性，提出新项目，以及将人事部门招聘的新员工分配至新项目中。

人事部门。根据员工与公司的匹配程度来招聘新员工，与管理层沟通，协调员工和新员工参与新项目，评估员工的幸福感与工作满意度，从互动的角度来评估员工的绩效，解雇不能胜任工作或与公司文化不相适应的员工。

专业指导。根据工作能力为员工分配项目的具体任务，设置培训目标和截止日期，向管理层报备新项目，与人事部门进行合作，确保员工的工作具有足够的挑战性，并让他们感到充实、愉悦，确保员工不因为缺少帮助而感到不知所措，评估员工的工作并向人事部门、管理层报告员工的工作质量。

一般来说，在一个层级中创建四个子层级看似需要很多额外的人员，但大多数公司可以在不干扰日常工作的情况下，通过调整现有人员的工作实现这个目标。在大多数公司中，审计和质量保障等部门会被归入管理部门。与人事相关的工作原本就由人事部门负责。在公司已经有专家导师的情况下，创建一个专门的指导部门也没有太大的难度。

这种组织形式将极大提高高层了解企业现状和发展方向的程度，也能让企业变得更加灵活。

重塑政府

政府可以说是最不灵活的组织形式。对公司来说，低效经营最终会导致股价下跌，也会让管理层发生变动。然而，政府组织却没有这样明显的衡量成功或失败的标准。即使一个政府机构或部门的职能已不复存在，它仍可以继续存在、运行，耗费国家的拨款。

拥有立法权的国会的介入使政府更加缺乏灵活性。国会制定的法律可能会给政府带来很多限制，让政府只能在一定范围内行使其职能。国会还会通过控制预算来设置项目优先级。总之，国会的存在让政府机构更加倾向于规避风险。

由于其难以摆脱的官僚制度和国会额外施加的影响，政府可以说是最缺乏创新、速度最慢、效率最低的组织。政府也明白这一事实，这是近年来政府部门实行项目外包制度的最主要的原因之一。

关键挑战

不幸的是，有些项目对公司或基层组织来说实在是太大了，其无法独立完成。此外，无论是由于预算有限还是企业受到短期发展的限制，在很多领域，政府可能都是最好的主导者。

然而，政府必须做出决定，以应对人类必须面对的关键挑战：让所有儿童接受教育，开发清洁能源，消除贫困以及改善交通基础设施。这些挑战中的每一个都很重要，而且它们有一个共同的特点：我们目前解决这些问题的方法都失败了。

我认为，失败的主要原因在于我们对待风险的态度。我们创造了风险厌恶机制和失败的官僚机构，并让它们来解决我们不知道该如何解决的挑战。官僚机构在徒劳地寻找一条安全的成功之路。

既然我们不知道应该如何解决这些问题，我们就应该进行大量试验，并尝试许多不同的方法。

我们应该遵循阿尔弗雷德·斯隆在通用汽车公司高速增长时期使用的四条原则：

试验。尝试很多种方法比只尝试一两种方法要好。

差异化。尝试差异大的方法比尝试只有细微差异的方法要好。

适应。从有效的方法中总结经验，在试验取得成功后，就可以继续改变、调整你的策略。

有机组织。未来可能会发生一些无法预料的事情，你需要确保你的计划包含可以解决这些问题的方案。

不让一个孩子掉队

我们该如何在联邦政府层面践行这些原则呢？首先，我们需要思考一下问题出在了哪里。美国教育部出台的《不让一个孩子掉队法案》正是善意被官僚制度扭曲的一个很好的案例。

我不是政策专家，也没有花大量时间研究过教育政策。因此，我不了解各个政策派别之间的斗争历史，以及最近兴起的以标准为基础的教育改革。但是，我确实对美国教育系统存在的问题有一定的了解。我曾和教育工作者以及相关管理人员深入讨论过这些问题。我来自一个教育工作者家庭。我的阿姨和叔叔中有五位当过老师，其中一位叔叔在贫民区学校教书超过30年。我也和他们讨论过美国教育存在的问题。

美属维尔京群岛的夏洛特阿马利亚镇上有一所贫民区学校。这所学校是美国最差的公立学校之一，我也曾在这所学校给孩子们进行课后阅读辅导。在那里，我亲眼看到孩子们是多么渴望学习，我也看到了那些成年人让孩子们感到多么失望。

因此，我作为一个受过教育的局外人，重新对《不让一个孩子掉队法案》进行了思考。我结合风险管理七条法则研究了这个法案的执行情况。我发现，美国教育部的问题与其他自上而下管理的官僚机构的典型问题是一样的，管理层都有很好的意图，但都缺乏对实际执行指令的人的了解。换句话说，管理层与下面的部门是脱节的。

这一法案的出发点是好的：通过衡量学生的表现来评估老师的水平。这是标准化的教育改革。依据美国宪法第十条的规定，教育属于各州管辖。因此，《不让一个孩子掉队法案》没有为每个州制定一套标准。但是根据宪法，每个州必须制定自己的教育标准，并对从小学三年级到高中的孩子每年至少进行一次数学、阅读、科学测试。该法案有很多支持者，也有很多反对者，但是我不想探讨支持或反对该法案的传统原因。我想讨论的是它为什么与通用汽车公司总裁斯隆的原则是背道而驰的。

没有试验。首先，该法案过于具体。虽然该法案将制定测试标准的权力留给了各州，但它的要求实在是太多了。因此，当如此之多的联邦资金面临风险时，各州别无选择只能遵守这个法案。这个法案阻止了各州尝试一些可能会取得更好效果的方法。对小学三年级的学生进行测试是个好主意吗？因为这个法案，我们无法找到答案，因为所有州都必须对小学三年级的学生进行测试。

无差异化。该法案并不鼓励差异化。对州政府来说，采用与其他州相似的标准要比采用完全不同的标准容易得多。

缺乏适应性。这个法案具有很强的约束力，它不允许各州根据阶段性结果来调整自己的计划，因为测试本身是固定的。尽管各州可以改变测试内容或标准，但不能改变测试频率和以测试为基础的教育理念。

缺少有机组织。由联邦自上而下制定规则的方式与自下而上进行实践的方式截然相反。一个有机的教育组织应该从老师和学生的角度出发，而不是从立法者的角度出发。

一个更好的法案

那么我们应该如何制定类似的法案，或让《不让一个孩子掉队法案》在执行过程中能及时反馈信息与接受基层的意见呢？我们如何才能改善孩子接受教育的环境呢？美国教育部又如何效仿斯隆的办法呢？

首先，我们需要认识到，标准教育的基本理念是有其可取之处的。这种理念让人们在了解现实情况的基础上判断教育改革的进展，并对不同学校进行比较，进而确定哪些学校做得好，哪些学校做得不好。常言道："如果你不知道某样东西为什么坏了，你就无法修复它。"《不让一个孩子掉队法案》是获取真实数据的一种尝试。

这个法案就像那些在企业中失败了的项目一样，也是多种原因共同导致的结果。在等级制度中，真相是无法向上传递的。在许多学校，老师们会对教学成果造假，让其看起来更好一点儿。这些老师只教授那些他们认为会在考试中出现的知识点，而别的内容几乎不讲。同样，学区也会编造教学成果。当这样做不起作用时，一些州不得不承认自己降低了标准，以便向外界展示其做出的"改善"。

联邦所扮演的角色

鼓励试验、提倡差异化、提高适应性以及建立有机组织的最佳方法就是由管理部门定义规则、提供支持，并不再进行干涉。在州内事务上，联邦政府的规定有些过于具体了。

联邦政府应该将教育当作一场年度竞赛，目标是实现相对进步，即每年都取得一些进步。联邦政府应该进行完全随机的抽样测试，这很像在公司内部建立一个寻求真相的部门。由于联邦与各州是分别执政的，这使得联邦测试人员没有动机编造结果。因此，各州应该被允许开发以教育为目的的项目和课程，这样联邦政府可以对各个地区的学校进行随机抽样课堂测试。问题较多的地区被测试的频率可以稍高一些。

由于课堂测试是随机且未知的，老师将不再有任何应试教育的动机。老师也能够专注于教授更加全面的知识。随机测试也将允许出现更多主观的评判标准，因为这样每个学生都将有更多可以自主利用的时间。然而，《不让一个孩子掉队法案》规定要对每个孩子进行测试。在 20 个孩子中随机抽取一个进行测试就足以准确反映一所学校在统计学上的表现。测试资源减少了 75%，但每个随机测试的学生却有了 5 倍于之前的可用时间。

对每个孩子进行测试会浪费时间与金钱，而这些时间与金钱本可以花在其他地方。随机测试是一种更有效利用时间和金钱的方法。

随机抽样测试还可以为低年级的学生提供不同的测试内容。让所有小学三年级的学生都参加标准化的多项选择考试是不合理的。相反，联邦政府应该通过其他不那么令人生畏，且不需要应试技巧的方法来测试孩子们的能力。例如，测试者可以使用口头问答的方法来评估小学三年级学生的阅读能力，而不是使用计算机评分的标准化测试。

因此，实际上，联邦政府的职能是负责使用一套统一标准来对各州进行评估。这样一来，联邦政府就可以在各州之间进行真正的比较了。现在，由于各州的考试标准不同，我们很难评估低年级教育在各州的进展。我们被迫采用标准化的全国大学入学考试，但这种考试通常只针对十一年级的学生。这种测试的时机不好，因为对那些想要上大学的学生来说，此时纠正他们学习上存在的问题为时已晚。

在这个新的体系下，美国教育部将负责开发数据统计系统，这让家长可以评估每个州的相对表现。与此同时，各州不需要再开发、管理自己的标准化测试系统和与之相关的项目，它们可以进行更多测试，或者允许州内各个学区自己进行更多测试。州政府甚至还可以在州内扮演类似联邦政府的角色，对每个学区内的学生进行随机测试，以评估每个学区学生的表现。

这种方法几乎可以应用于政府所管理的每一个领域，因为几乎所有政府机构都没有对负责的项目进行过试验，没有尝试过制定差异化的评判标准，以及提高学生的适应能力，它们当然更不是什么有机组织。也正因为如此，它们与斯隆提出的原则格格不入。这种僵化且规模很大的政府在20世纪三四十年代的管理是有效的，但如今却行不通了。我们的政府需要随着全球商业环境的变化而做出改变，同时要迅速、积极地应对石油资源短缺、全球变暖以及水资源问题可能引发的经济和环境危机。

各级政府机构仍然普遍运用的自上而下的等级制度已经被很多成功的企业淘汰了，取而代之的是有机的组织结构。作为公民，我们在未来几年乃至几十年内面临的挑战将是：如何督促政府做出更加积极的反应。无论从国家还是人类的角度来看，成败可能都依赖于此。

16

跳离飞机

如果任由理性驱使,那么我们永远都不会拥有爱情。

我们也永远不会拥有友情,不会进行商业活动,因为我们过于愤世嫉俗了。

好吧,说这些都没有什么意义。你必须像鹰一样不断跳下悬崖,并在下落的过程中丰满你的羽翼。

——安妮·迪拉德

本章主要讨论的是风险管理的七条法则在生活中的应用。你可不要被标题误导,认为我的建议就是让你尽可能多地承担风险。

在某些情况下,投资者需要敢于承担合理的风险。但在另外很多情况下,如果投资者对投资风险缺乏了解,他就可能因此承担过多的风险,这种情况在那些临近退休的投资者身上表现得尤为明显。近年来,即使是专业投资者也会忽视投资风险,而投资有风险是一件显而易见的事情。让我们回顾一下投资美国抵押贷款支持证券的对冲基金，这些对冲基金大多数以破产告终。最后，它们就像泡沫一样一文不值。

现实生活中的风险

作为海龟计划的成员，我在交易中会采用一种被称为趋势跟踪的方法。从本质上讲，这是一种通过跟踪市场数据判断市场价格走向的方法。我从这种交易方法中学到了如何观察生活。我在观察这个世界的同时注意到了更大的趋势：什么在变化，什么保持不变，什么是之前长期保持不变，而近期刚刚开始变化的事物。后面这些是新且危险的趋势。有时这些趋势只是在文化上发生了改变，而有时它们则是名副其实的剧变。

在过去的四五十年里出现了几次大的变化趋势，也出现了许多人们无法预料的风险：制造业项目外包，大公司在进行全球化布局时将在线客服和呼叫中心这类专业程度相对较低的服务工作外包，"大卖场"完全取代"家庭式小作坊"，这些变化在不同程度上导致了失业问题。

这些趋势刚开始时的规模都很小，但它们很快就在各自的行业中占据了主导地位。这些趋势影响了很多以为自己的处境非常安全的人。这些人都明白，经济中唯一不变的就是变化。有时候，这种变化会动摇我们对事物风险程度的判断。

想想那些20世纪五六十年代在工厂里工作的人。当时，在工厂上班被认为是铁饭碗。但是，在20世纪70年代，由于美国面临更加激烈的海外竞争，许多位于所谓"制造业中心"的汽车、钢铁、制造工厂都关闭了，许多制造商面临破产。那些在工厂里工作了20～30年的人可能突然就被解雇了，面临失业的困境，而这在10年或者15年前是不可能发生的。

与此同时，许多美国制造商将他们的工厂从北方城市迁移至南方农村，当时南方工人的工资只有北方工人的1/3～1/2。这些南方工人无疑认为自己找到了安全稳定的工作，但他们都错了。北美自由贸易协定生效后，对美国企业来说，把制造工厂搬到边境之外的墨西哥新兴城市更加有利可图。这些新兴城市包括蒂华纳、华雷斯、新拉雷多以及马塔莫罗斯。在美国南部，许多工厂运营10～15年就关闭了。

20世纪八九十年代，许多美国学生梦想谋得一份大公司技术岗和中层管理岗的工作。这些岗位似乎很有前途。研究就业市场的公司也对此进行了预测，即信息技术和相关行业的人员需求将大幅增加。后来，互联网出现了。

真正的改变出现在1999年年末。当时许多老式计算机系统的代码需要更新，以满足即将到来的用四位数表示年份的需求，代替已经沿用了40年的，用两位数表示年份的方式。这就是众所周知的千年虫问题。这种大规模的改变导致许多美国公司将大部分工作外包给印度公司，从而拉开了信息技术竞争全球化的序幕。

当印度帮美国许多公司解决了千年虫问题之后，这些美国公司就开始探索与印度进行其他方式的外包合作。不久，美国中西部呼叫中心的员工发现，自己的工作被班加罗尔、海得拉巴、孟买或昌迪加尔的人取代了。这意味着不久前在美国中西部农村建立的呼叫中心也将面临被取代的风险。

这些趋势中的每一个都引发了剧变，并暴露了现在全世界共同面临的风险。在这个世界，唯有变化才是唯一不变的。

华尔街启示录

2008年的金融危机让华尔街变得破败不堪。雷曼兄弟宣布破产，美林证券把自己卖给了美国银行，以免遭受同样的命运。作为全球最大的保险公司，美国国际集团将大部分股权卖给了美国政府。美国最大的抵押贷款金融机构房利美和房地美被国有化。美国股市出现了历史上最大的单日跌幅，华盛顿互惠银行和瓦乔维亚银行在同一周内倒闭。然而，至暗时刻还远未到来。

大型银行和保险公司的混合债务叠加复杂且杠杆率非常高的衍生品，两者共同产生的影响可能要在数年甚至数十年后才被人们全面知晓。

这场混乱带来了两个问题：第一，你再也无法确定自己关于风险的判断是否正确。第二，你不能依赖穆迪和标准普尔等评级公司来判断投资的风险水平。对为了退休和上大学做打算而投资的个人或家庭来说，未来是更加不可预测的。

金融危机的发生让人们认定，不再有什么策略是"安全"的。

就连州政府和市政府的公务人员也发现，随着房地产价格的下跌，相关岗位的需求减少，这导致他们的财产税收入也相应下降了。

金融危机让世界变得有点儿像跳离飞机。在机舱内时，你会感到有点儿害怕。一旦到了机舱外，你的注意力就会放在其他事情上。一旦开始快速向地面坠落，不做决定就不再是一种选择。你必须迅速做点儿什么。

当世界开始迅速发展时，不做决定或做出传统的决定不再是安全的选择。无论你愿意与否，你都需要在个人生活中应用风险管理的七条法则。

对雇员或投资者个人来说，如今，商业和社会环境的不确定性比以往任何时候都要高。可以说，当前我们正处于一个不确定的时代。在这种情况下，个人应该如何应对风险？接下来，我将探讨这些法则如何应用于个人在不确定时代的生活。其中的三条法则需要进行着重探讨，这三条法则对个人来说可能是很难遵守的，它们分别是：克服恐惧、保持灵活，以及专注于决策的过程，而非结果。

克服恐惧

很多人之所以让别人替自己做决定，是因为他们害怕自己会做出"错误"的决定。他们把自己的职业选择权交给父母或者就业指导专家。他们将自己的投资决定权交给"专业的"投资经理，而后者可能只是银行的销售人员，碰巧与他们进行过一场交易。

不要将自己人生的重大决定权交给别人。他们可能没有你想象的那么有能力。根据我的经验，投资领域95%的"专业人士"都不知道自己在做什么。即使在最好的情况下，他们也只是在根据推测行事。更有甚者，他们中的一些人可能还会试图预测不可预测的未来。不要把你的未来交到他们手中。这些人中的大多数只是销售人员，目的是向你出售金融产品，然后从中获利。如果你将决定权攥在自己手中，你就可以做得更好。

如果你认为自己没有足够的知识独立做决定，那就去学习吧。大多数看起来很复杂的东西只是术语而已。勤加练习，你是可以掌握它们的。至少，你需要学习足够的知识，以区分明智和愚蠢的建议。毕竟选择职业或投资都是你自己的事，不要因为害怕成为傻瓜而把重要的责任推给其他不靠谱的人。

很多人都没有勇气追寻自己的梦想。为了所谓的"安全"，他们一直让梦想屈居次要的位置。10年或20年后，他们可能依然没有做准备或学习新知识，更没有从事他们梦想的职业。他们被其他人说服了，在等待中错过了转行或创业的好时机。

不要害怕，相信自己！

越来越多的人发现，在经历了大规模裁员后，寻求另一份工作成了他们唯一的选择。你不妨为梦想做好准备，这样一旦遇到类似的情况，你就可以从事自己热爱且擅长的工作了。

也许你的经济条件不允许你靠挥霍金钱来追求梦想，但是除了花钱，还有很多方法可以让你进入一个新的职业领域。如果你真的想做某件事，就必须克服对失败的恐惧。克服恐惧最好的方法就是多失败几次。这会让你知道失败并不是一件可怕的事。你可以从失败中吸取教训，并为日后的成功打下基础。

保持灵活

在个人生活的风险管理方面，保持灵活需要做到两点：一是拥有多样化的技能，以便在失去工作或创业失败时轻松找到另一份工作，获得稳定的收入；二是拥有多样化的流动资产，这可以使你保持投资的灵活性。

在拥有多样化的工作技能方面，硅谷最优秀的工程师提供了一个很好的借鉴模式。他们不断尝试新技术，利用业余时间研究新项目，努力让自己的技能不断更新。他们知道硅谷的创业环境是出了名的不稳定，自己可能会突然失业；他们也知道，掌握最新技术的聪明人在硅谷是不缺机会的。因此，他们一直保持敏锐，因为他们知道，即使是在艰难的就业市场里他们也可以做得很好。

我不认为任何类型的风险管理策略可以一直有效，你无法保护资本，使其免受不确定性的影响。正如里奇多年前告诉我们的那样，你必须时不时地从交易账户中取出一些钱。当市场崩溃时，短期国债、黄金、钻石以及房地产是可以保值的资产。

——杰瑞·帕克

分散投资是指"不要把所有鸡蛋放在同一个篮子里"。灵活性投资是指那些由流动资产组成的多样化投资。持有流动资产意味着你需要持有部分能够轻松转换为现金的资产。房地产不是流动资产，但投入货币市场或共同基金的资金是流动资产。你可以用流动资产来支付下个月的账单，但你不能用房地产来支付账单。

事实上，如果你失业了，像房地产这样的投资可能会成为你的累赘，因为你可能仍然需要支付抵押贷款。如果你无法在住所附近找到合适的工作，或者因为别的原因不得不搬到其他地方，那么你将不得不出售或出租你的房子。在房地产市场不景气的情况下，出售房子有时需要一年甚至更长的时间。

对大多数非专业人士来说，未能对资产进行灵活多样的配置是他们在投资时遇到的最大问题。他们将过多净资产投入一两个投资项目。对那些有房子的人来说，房子可能占据他们净资产总额的80%～90%，因此他们非常容易受到房地产市场低迷行情的影响。其他人可能通过公司发起的401（k）计划将他们的所有钱投资于公司股票，这使他们很容易受到公司问题的影响。如果供职的公司遇到困难，投资者最终可能同时面临工作和财产的双重损失。这是一种非常糟糕的风险管理方法。

保持灵活还意味着要有一定的现金储备。如果你失业或突发疾病，那么银行账户里的现金可以帮助你渡过难关。但是，投资于房地产的资金并不能帮你渡过难关。因此，如果你的所有资产只够支付金额为房价20%的首付款，那么购买这套房子对你来说就是不明智的。你可以选择首付款为 10% 的购房方案，再将另外 10% 的资金储蓄起来以备不时之需。如果一次性支付 20% 的首付款，那么一旦出现问题，你将无法支付账单。更好的方案也许是购买一套相对便宜的房子，这样你就能付得起 20% 的首付款了。你也可以为紧急情况预留一笔应急资金。这种方案可以让你最大限度地保持灵活。

专注于决策的过程，而非结果

在个人生活的风险管理方面，"专注于决策的过程，而非结果"是最重要的一条法则。不要在周一早晨临时做决定。

即使你在股市中损失了很多钱，也并不意味着你不应该再投资。即使你买入一只股票并且赚到了钱，也并不意味着买入该股票是一个好的决策。

请牢记，要根据你做出决策时所掌握的信息来对你的决策进行分析。如果你能在之后的实践中学到一些新知识，那么这是一件很好的事，但是，不要因为做出决策时还没有掌握的信息责备自己。这样说起来容易，但做起来并不容易。"专注于决策的过程，而非结果"非常重要。

在冒险中培养自信

风险和不确定性是一定存在且无处不在的，有些风险和不确定性甚至是不可避免的。你需要学会尊重这些不可避免的风险，同时不要畏惧它们。这些风险既有坏的一面，也有好的一面。

想要建立成功所需的信心，唯一的方法是冒险。每一次冒险，无论结果是好是坏，都会使你拥有学习的经验。你会知道什么是有用的，什么是没用的。即使那些带来坏结果的风险也可以帮你建立信心，让你日后更加从容地面对风险。

当你冒险时，你会发现失败并不可怕。你会明白，成功并不总是最好的老师。最重要的是，你将学会如何更好地做自己。

后记　追求更大的梦想

拥有梦想才能创造未来。

——维克多·雨果

人类首次登月时，我还是个 5 岁的孩子。我当时并不明白尼尔·阿姆斯特朗在 1969 年 7 月 20 日这一天迈出了多么重要的一步；我也不理解苏联制造的史普尼克号卫星给美国人带来了怎样的恐惧；我更不理解，仅仅 8 年以前，也就是 1961 年 7 月 25 日，约翰·肯尼迪总统向国会发起的挑战：

在这个十年结束之前，我认为我们这个国家应该致力于实现让人类登陆月球并安全返回的目标。

随着我慢慢长大，我发自内心地期待更多类似的事情发生。我期待我们不久后就能在火星或宇宙中更远的星球着陆。20 世纪 70 年代中期，我们有了宇宙空间实验室，这是一个重达 100 吨的轨道空间站。宇航员们会在这里停留数周或数月来进行实验。随后，20 世纪 80 年代初，我们发明了航天飞机。这是一种可以部分回收的先进的太空飞行器，它可以像滑翔机一样返回地球。

从那以后，美国航天领域取得的进步就很小了。与 20 世纪 60 年代 NASA（美国国家航空航天局）刚诞生时相比，目前我们在太空探索方面取得的成就简直微乎其微。这其中到底发生了什么呢？

在我还是个小孩子的时候，我就知道这个世界存在贫困和饥荒，但我相信随着科技的进步，这些问题最终都会得到解决。我对未来感到很乐观，因为我们整个国家都对未来感到很乐观。

然而，过去的三四十年发生了一些事情，这些事情改变了我们的乐观态度。我们似乎对自己实现梦想的能力失去了信心。

我们甚至不再拥有远大的理想，也不再去想未来的世界会有怎样天翻地覆的变化。在这个过程中，我们已经失去了很多能够从小处着眼，不断进步的能力。我们之所以满足于现状，部分原因是知道追求这些崇高的目标会花费大量的金钱与时间。因此，在经历了数十年进展缓慢的研究后，我们变得疲于尝试。我们逐渐相信梦想绝无实现的可能，之前的想法可能是不切实际的。

我并不认同这种观点。事实上，我认为梦想应该是人类的信念，正是因为有些梦想如此遥远，它们才显得如此珍贵，我们应该对自己和政府提出更高的要求。在这里，我想分析一个具体的例子：交通运输。

重新思考交通运输

任何关注趋势的人都会发现,以汽车为基础的美国交通运输的模式是不可持续的。与许多其他交通工具相比,汽车的效率是比较低的。

然而,汽车却是一个人地位和财富的象征。因此,发展中国家一直在追随发达国家的脚步,发展以汽车为主导的基础工业。但是,汽车问题也逐渐成为发展中国家面临的难题,而这个难题有可能在最糟糕的时候使全球变暖问题恶化。

美国的交通运输是以汽车和高速公路为基础的,其他很多国家经历过这种交通运输模式所带来的负面影响。中国一度存在的城市污染问题就是一个例子。根据世界观察研究所2008年5月发布的一份报告,世界上污染最严重的城市有16座在中国,这些城市的绝大部分污染是由汽车造成的。这也是中国政府在2008年北京奥运会期间实行机动车限行的原因之一。机动车限行的规定与100多家污染型工厂的关闭,使奥运会期间北京的空气质量达到了十多年来的最佳水平。

作为交通工具的汽车,其安全性并不高。仅在美国,每年就有超过4万人死于车祸,相当于"9·11"袭击事件遇难人数的10倍以上。此外,每年还有数十万人因车祸受伤或残疾。

我们因为交通事故失去了很多生命。根据得克萨斯州交通研究所发布的2007年城市交通报告,美国城市的交通拥堵问题平均每年浪费人们42亿个小时,这相当于780亿美元的经济损失及6 000多人的生命时长。美国城市的交通拥堵还浪费了29亿加仑的汽油，这些汽油能加满58艘满载的超级油轮的油箱。

先进的交通运输系统可以很容易地解决汽车带来的问题，但对那些没有完善的基础设施的发展中国家来说，这些问题就显得很棘手。自动驾驶技术已经存在几十年了。畅通无阻的高速运输状态是可能达到的，将燃油的耗热率维持在每加仑200～300英里也是可能的。然而，我们还是需要彻底反思我们的交通运输系统。

美国政府提出的解决方案是对美国现有的交通运输系统进行增量，即扩大公共交通系统的规模。这会让更多公共汽车、混合动力和电动类型的汽车成为公共交通系统的一部分。然而，公共汽车和公共交通解决方案充其量只能在速度、燃油效率以及安全性方面进行微小的改进。虽然混合动力汽车和电动汽车的效率有了显著提高，但其在安全性和行驶时间方面却没有任何改善。其实，我们可以做得更好。

对长途旅行来说，美国基本上已经建立了一个几乎完全以飞机为基础的运输系统，即便是那些距离只有200英里的城市，人们也通过飞机出行。欧洲各国有连接各大主要城市的高铁系统。

除了微小的改进，我们最好考虑一下，如果重新开始，那么我们需要什么。理想情况下，我们可以在享受汽车这种交通工具的优点时又避免汽车的缺点，这是可能实现的。现有技术可以支持高效节能的交通运输系统，自动导航和先进的高速公路网络可以减少车祸和交通堵塞。

然而，问题依然存在：为什么我们在这方面没有取得任何进展？如果新的想法很优秀，那么为什么拥有先进交通系统的城市没有达到预期目标？为什么有些地区甚至还没有开始改进交通系统？

城市、发展与风险

我们之所以没有看到人们在改进交通系统方面取得的进步，是因为决策程序与决策者都倾向于规避风险。

对大多数城市来说，建设新的交通系统需要市政府与相关区域的交通部门联合进行决策。对一个城市来说，通常由市级交通管理部门负责做出相关决策。在旧金山湾区，湾区区域运输部门就扮演着这样一个角色。在芝加哥，这个角色由区域运输管理局扮演。区域运输管理局由芝加哥运输管理局、地铁和铁路系统以及郊区公交系统组合而成。

交通管理部门一般会尽量规避风险。因此，它们批准的项目通常都是低风险的渐进式改进项目。它们决定实施的项目通常是其他城市已推行的项目或是现有交通系统的扩展项目。交通管理部门的委员会倾向于放弃新想法，因为新想法并没有经过检验，而且提出这些想法的公司通常都是规模较小且现有客户较少（如果有的话）的公司。因此，对一个特定的城市来说，选择先进的交通运输系统是一个风险非常高的决定。

交通运输系统的改进是一个很好的切入点，联邦政府可以尝试在这个领域采取行动打破僵局。对一个特定的城市来说，承担一项新技术带来的风险可能并没有太大意义，但做这件事对整个国家来说却是有意义的。如果我们想重振底特律、克利夫兰、托莱多等曾被称为制造业中心的城市，这一点就变得尤为重要了。新交通运输系统的技术标准可能会使美国重新在交通领域占据主导地位。

竞争与标准

互联网之所以可以取得如此巨大的成功，是因为它使世界相互连接。铁路轨道、汽车和硬件的标准化大大提高了交通运输系统的效率。标准尺寸集装箱的出现大大降低了运输成本，彻底改变了货运业务。

同样，一套新的、先进的技术标准可能会给运输行业带来革命性的改变。这些标准可以让许多公司成为这个系统的一部分，较小的公司可以参与构建这个系统，人们也可以更容易地在未来对系统进行优化。这些标准可以使公共交通工具和私人交通工具共享基础设施。

那么接下来的任务就是确定一套技术标准。新的交通运输系统应该是什么样的，它应该具备哪些功能，又需要受到哪些限制？

既然我们都不知道这些问题的答案，这些问题也没有正确答案，我们就需要通过学习来找到这个答案。作为社会群体，最好的方式是遵照进化模型来进行学习。我们应该进行 5~6 次试验，然后迅速根据这些新的试验结果制定解决方案。例如，联邦政府可以在5~6个试点城市分别投资一个先进的交通运输试验项目，试验项目的内容也可以在这些城市的公共交通系统中应用。最好的方法是出台一个新的国家基础设施标准，新的汽车和高速公路项目都能以此为基础进行规划。

我们应该鼓励对新的交通技术进行投资，并确保这些技术有市场前景。通过对先进的交通技术进行投资，美国政府可以确保美国的交通运输业在21世纪处于领先地位。由政府投资的大型市场反过来又会吸引风险投资。随着更新、更好的基础设施取代旧的基础设施，现在的一点儿投入可能意味着未来几十年数千亿美元的收入。

重建和修补美国在20世纪50年代建造的基础设施是没有意义的。我们应该用更好的基础设施来替换原来的基础设施。那些设计桥梁和高速公路的公司也可以设计新的桥梁和高速公路。目前正在全球竞争中苦苦挣扎的汽车制造商，也可以为新的交通基础设施提供相关车辆和电力技术。如果我们在创新方面处于领先地位，那么我们的交通运输业也能处于领先地位。但是，如果我们继续等待，我们的交通运输业就会继续萧条下去。

当我们不知道什么方法有效时，就应该进行多样化的尝试。换句话说，我们应该资助更多敢于冒险的科学家的项目，给那些敢于冒险的科学家更多投资，而减少对那些过于理性、规避风险的科学家的投资。我们要多做自下而上的研究，而非自上而下的研究。

如果你认为这样的要求太高了，那么请你先思考一下，这些努力与1969年人类登上月球所付出的努力相比是更难以做到的吗？如果我们能用10年多一点儿的时间实现太空计划并成功登月，那么我们当然可以用同样的时间重新设计并建造一个新的交通运输系统。

尾 声

在这个充满不确定性的时代，作为社会群体，人类应该更具适应性与灵活性。如果遵循风险管理的七条法则，我们就可以做到这一点。这些法则在现代世界日益严峻的、充满不确定性的环境中可以作为行动指南。

我们需要在谨慎行事的同时勇敢面对当前的现实。当然，这七条法则并不是什么灵丹妙药。它们只是一套在风险很大和不确定性很强的领域中被证实有效的风险管理方法。这七条法则可以帮助我们应对未来可能遭遇的困难，前提是我们必须学会应用它们。

在这个充满危机的时代，经济、社会以及环境保护等各条战线上的人士应该并肩作战。世界经济正因过度消费和过度依赖宽松的信贷而摇摇欲坠。美国社会仍在努力应对文化和政治全球化带来的影响。在这个时代,技术让一小群狂热分子凌驾于成千上万人之上成为可能。作为一个发达国家,美国必须在应对全球变暖、抵制消费主义以及增加对替代性能源的投资方面勇于承担责任,与发展中国家一起为人类的未来谋求出路。

现阶段的每一种全球性危机都会进一步加剧世界的不确定性。美国政府以及正在进行全球合作的各国政府,都不应该继续因循守旧、逃避现实。我们需要在尊重现实的基础上承担合理的风险,而这七条法则可以作为很好的行动指南。

最重要的是,我们必须再次找回远大的理想。我们必须怀有梦想可以实现的信念。因为只有这样,我们的潜能才有可能被激发。